Selbstliebe:

Durch die Kunst der Selbstliebe und des positiven Denkens zu einem Leben in Glück und Harmonie

Simone Kerber

Sich selbst lieben lernen:

Wie Sie die Kunst der Selbstliebe meistern, die innere Kritik ablegen und sich wieder glücklich in der eigenen Haut fühlen.

Simone Kerber

Inhaltsverzeichnis

Einleitung

Die ganze Welt redet über das Wort „Selbstliebe". Aller Wahrscheinlichkeit nach ist in jedem Selbsthilfebuch, das Sie je in der Hand gehalten haben, mindestens ein Kapitel dem Thema Selbstliebe und dem Glauben an sich selbst gewidmet. Aber was genau ist Selbstliebe eigentlich? Ist das nicht dasselbe wie Narzissmus? Reden wir hier über Selfies, duftende Schaumbäder und Pediküren? Geht's bei der Selbstliebe nicht schließlich darum, sich selbst zu verwöhnen?

Schon, aber es gehört so viel mehr dazu. Selbstliebe ist ein starkes Konzept, das weit über jedes Verwöhnprogramm hinausgeht. Es liegen Welten zwischen Narzissmus und Selbstliebe. Während der Narzissmus eine ungesunde Besessenheit mit sich selbst ist, geht es bei der Selbstliebe darum, sich bedingungslos mit und trotz aller Stärken und Schwächen zu akzeptieren.

Anders als beim Narzissmus ist der Fokus bei der Selbstliebe nicht auf Arroganz, Egoismus oder eine egozentrische Einstellung gerichtet. Es geht darum, sich selbst zu lieben für die Person, die man tief innen ist, und der Herr seines eigenen Glücks und Wohlbefindens zu sein. Bei der Selbstliebe konzentrieren Sie sich darauf, sich selbst aufzubauen und zu lieben, anstatt Akzeptanz und Liebe von anderen zu suchen. Während Narzissten ihre Mitmenschen aufgrund ihrer zwingenden Besessenheit mit sich selbst runterziehen, richtet Selbstliebe ihren Fokus darauf, sich selbst und andere zu respektieren. Der Narzissmus sagt „Ich liebe mich mehr als andere", während die Selbstliebe sagt „Ich zeige mir gegenüber genauso viel Liebe und Respekt wie anderen Menschen auch."

Ein weiterer krasser Kontrast zum Narzissmus ist, dass Selbstliebe einem äußerst positiven und affirmativen Streben nachgeht. Es verstärkt die Fähigkeit, sich selbst zu lieben, um andere lieben zu können und Empathie auf einer höheren Ebene zu empfinden. Es basiert auf dem soliden Prinzip von Verständnis und Zusammenarbeit, anders als der Narzisst, der durch Wettbewerb und oberflächliches Ausstechen der Konkurrenz aufblüht. Sich selbst zu lieben ist ausschließlich positiv, heilend und pflegend für die Seele, wohingegen Narzissmus destruktiv, giftig und beziehungszerstörend ist.

Neue Kleidung und ein atemberaubendes Makeover sind nicht die Schlüssel zur Selbstliebe, sie können eine Rolle in ihrer Findung spielen, definieren sie aber nicht. Selbstliebe ist die tiefe und unsterbliche Wertschätzung unseres wahren Ichs, das von innen herauskommt. Es ist das Streben danach, uns körperlich, emotional und spirituell zu stärken. Sich selbst zu lieben bedeutet, sich voll und ganz mit all seinen Stärken und Schwächen wahrzunehmen und zu akzeptieren. Es geht darum, das, was man ändern kann, zu ändern und zu akzeptieren, was man nicht ändern kann.

Bei der Selbstliebe geht es darum, nie das Gefühl zu haben, seine Schwächen rechtfertigen zu müssen, sich klare Ziele zu setzen, sich selbst mit tiefgründiger Liebenswürdigkeit zu begegnen und ein erfülltes Leben zu haben. Das können wir nur erreichen, wenn wir über der Meinung anderer stehen und uns für uns selbst akzeptieren. Sich selbst zu lieben ist nicht nur ein oberflächliches psychologisches Wohlfühlkonzept, es ist ein realer Handlungsplan, der Ihr Leben für immer verändern kann.

Dieses Buch bietet Ihnen 10 wertvolle und sorgfältig recherchierte Strategien, die Ihnen helfen, an Bord der bereichernden Reise zur

Selbstliebe zu klettern. Sie werden lernen, Ihre Fehler zu akzeptieren, mit vorübergehenden Rückschlägen umzugehen und sich von dem Gefühl zu befreien, das Sie davon zurückhält, sich selbst zu lieben. Es sind viele leicht verständliche und praktische Hinweise enthalten, die Sie in den Alltag einfließen lassen können, um Ihren Selbstliebequotienten zu erhöhen.

Kapitel 1: Entdecken Sie Ihre spirituelle Seite

Glaube ist die Grundlage, um sich selbst zu lieben. Es gibt Ihnen die Kraft, an sich zu glauben, ganz unabhängig von den herrschenden Umständen. Einer höheren Kraft zu vertrauen erlaubt Ihrer Seele, sich den Wundern von Glaube, Hoffnung und Vertrauen neu zu öffnen. Spiritualität hilft Ihnen dabei, Ihre Intuition zu festigen und Sie näher an Ihre innere Stimme zu bringen. Es hilft Ihnen, aus dem Bauch heraus solide Entscheidungen zu treffen. Spirituelles Streben kann Ihnen helfen, neue Aspekte an sich selbst zu entdecken. Es kann zu neuen Gedanken, Leidenschaften, Emotionen, Gefühlen, Glauben und Handlungen führen. Sie werden sich mehr wertschätzen, wenn Sie in der Lage sind, eine starke Verbindung mit Ihrem inneren Ich aufzubauen.

Selbstliebe und Selbstheilung kann in einer Vielzahl von effektiven Wegen praktiziert werden. Zwei dieser Wege sind Achtsamkeit und Meditation. Eine der fundamentalsten Lehren des Spiritismus ist die bedingungslose Selbstliebe und Selbstakzeptanz. Sie sind ein Teil des Universums, und es ist ebenso wichtig, sich selbst zu lieben wie andere Menschen auch.

Das Konzept hinter der Selbstliebe kann für viele Menschen erst mal verwirrend sein. Schließlich steht das Thema Selbstlosigkeit im Mittelpunkt vieler Religionen. Somit wird Selbstliebe zur Antithese vom Konzept der Selbstlosigkeit. Aber ist Selbstliebe dasselbe wie Selbstsucht? Ist es wirklich das Gegenteil von Selbstlosigkeit? Weit gefehlt!

In erster Linie geht es bei der Selbstliebe um bedingungslose Selbstakzeptanz, versehen mit einem Schuss Mitgefühl, Verständnis und Wertschätzung. Können Sie sich in diesem Augenblick aus ganzem Herzen selbst akzeptieren? Wenn die Antwort Nein ist, was fehlt, damit Sie sich als Ganzes akzeptieren können? Wollen Sie erfolgreicher sein? Oder besser aussehen? Oder vielleicht wollen Sie an Ihren Kommunikationsfähigkeiten arbeiten? Unsere Liste mit unabgehakten Punkten zum „perfekten Ich" ist oft ellenlang. Haben Sie es in sich, die Person, die Sie in diesem Moment sind, zu lieben? Können Sie sich akzeptieren, ohne Ihre persönlichen Erwartungen an sich selbst zu erfüllen? Werden Sie sich selbst lieben, auch dann, wenn Sie nie die Person werden sollten, die Sie werden wollen?

Diejenigen mit einer gesunden und ausgeglichenen Einstellung zum Thema Selbstliebe finden es einfacher, andere zu lieben und zu akzeptieren. Wenn Sie Selbstliebe praktizieren, übermitteln Sie nicht nur sich selbst, sondern auch dem Universum, dass Sie nur die positiven Dinge im Leben verdienen. Schritt für Schritt erlaubt das Ihnen, Ihre Hoffnungen, Träume und Wünsche Realität werden zu lassen. Hier sind einige powervolle Tipps, die Ihnen dabei helfen, Ihre Spiritualität zu entdecken.

Meditation

Meditation erlaubt Ihnen, dass Sie sich selbst in einem ruhigeren und nicht wertenden Zustand betrachten. Einfacher gesagt, es öffnet die Tür, um eine bedeutsame Freundschaft mit sich selbst eingehen zu können. Je besser Sie sich selber kennenlernen, desto einfacher wird es Ihnen fallen, jeden Aspekt Ihres Seins zu akzeptieren. Zweifel, Ängste, Misstrauen und Unsicherheit werden Gefühle der Vergangenheit sein, wenn Sie im Einklang mit sich selbst sind.

Sobald Sie damit beginnen, sich mit Güte und Verständnis zu akzeptieren, begraben Sie automatisch die selbstzerstörenden Gedanken, dass Sie nicht gut genug sind oder es nicht verdienen, glücklich zu sein. In einfachen Worten, Sie laden Mitgefühl in den Kreis der Selbstverneinung und des niedrigen Selbstwerts ein, bis alle Unsicherheiten und negativen Gefühle verschwinden und sich das powervolle Gefühl von Selbstliebe in Ihnen ausbreitet.

Anleitung für eine Selbstliebe-Meditation

Finden Sie einen ruhigen und entspannten Ort, an dem Sie die Selbstliebe-Meditation üben können. Begeben Sie sich in eine komfortable Position. Atmen Sie bewusst einige Male tief ein. Konzentrieren Sie sich auf das Fließen jeden Atemzugs, wenn Sie die Luft ein- und wieder ausatmen. Seien Sie sich Ihrer einzelnen Körperteile bewusst, während Sie weiterhin ruhig tief ein- und ausatmen. Beginnen Sie mit Ihrem Herzen und spüren Sie das sanfte Klopfen.

Stellen Sie sich sich selbst in Ihrem Herzen vor. Sie können sich das bildlich vorstellen oder Ihren Namen einige Male skandieren. Lassen Sie sich sanft und geborgen von Ihrem Herzen halten. Wiederholen Sie eine Affirmation, die Sie von Selbstzweifeln befreit und positives Denken fördert, „Möge ich für immer glücklich sein" oder „Möge ich vom Teufelskreis des Selbstzweifels wegbrechen". Das regelmäßige Wiederholen dieser Affirmationen wird Ihnen langsam dabei helfen, eine einfühlsamere, tiefere und wertschätzende Beziehung mit sich selbst aufzubauen. Atmen Sie ein letztes Mal tief ein und jeglichen Stress und Druck aus.

Sie können sich sich auch als Ihr eigenes Kind vorstellen. Sehen Sie sich als den Elternteil und Ihre Persönlichkeit als Ihr Kind. Stellen

Sie sich vor, dass dieses Kind die perfekte Kreation ist. Es ist noch am Wachsen und Weiterentwickeln, um sein volles Potential auszuschöpfen, aber perfekt, so wie es ist. Akzeptieren Sie Ihr Kind aus ganzem Herzen. Sehen Sie sich dieses Wunder der Natur mit Zuneigung, Wertschätzung und Freude an, mit allen positiven und negativen Seiten. Öffnen Sie diesem Kind Ihr Herz und nehmen Sie es mit bedingungsloser Liebe an.

Vertiefung des Bewusstseins

Die Vertiefung des Bewusstseins ist die Königsdisziplin der Gewissensprüfung. Es geht darum zu verstehen, wo man aktuell ist, wenn es um das Thema Selbstliebe geht. Stille Reflektion ist ein hervorragender Weg, um Licht an Ihren unbewussten Geist zu bringen. Ist ein Defizit an Selbstliebe vorhanden? Was sind die zugrundeliegenden Probleme, die dieses Defizit hervorruft?

Fragen Sie sich Fragen, die Sie näher an Ihr Inneres Ich bringen. Was lieben Sie an sich selbst? Was hält Sie davon ab, sich selbst zu lieben? Was würden Sie gerne an sich ändern? Konsultieren Sie Ihren „inneren Therapeuten", um herauszufinden, wie Sie sich selbst intensiver lieben können.

Sie führen eine unvoreingenommene und wesentliche Selbstanalyse durch. Geben Sie sich keinen Spielraum für eine Verurteilung Ihrer Handlungen. Sie ziehen lediglich eine Bilanz aus den Aspekten, die Sie an sich lieben, und aus denen, die Sie noch perfektionieren möchten. Das hilft Ihnen, die Seiten, die Sie an Ihrer Persönlichkeit ändern wollen, zu verfeinern.

Überzeugen Sie Ihr Unterbewusstsein durch positive Affirmationen

Stellen Sie sich Ihr Unterbewusstsein als einen Computer vor, der wichtige Informationen enthält. Wenn Sie diese Informationen ändern möchten, müssen Sie die Maschine umprogrammieren. Das tägliche Wiederholen der Affirmationen ermöglicht Ihnen, „Ihr Unterbewusstsein umzuprogrammieren" und eine positive Denkbasis zu erschaffen. Die Übung kanalisiert Ihr Unterbewusstsein darauf, sich bedingungslos selbst zu lieben. Affirmationen können gesprochen, aufgeschrieben (später mehr zum Thema Tagebuchführen) oder im Geiste wiederholt werden.

Praktizieren Sie Dankbarkeit

Bemühen Sie sich aktiv darum, giftiges Vergleichen loszulassen und stattdessen dankbar für all Ihre Gaben zu sein. Ein Leben voller Dankbarkeit erlaubt Ihnen, sich zu lieben und zu akzeptieren, während Sie strenges Verurteilen, verbitterte Frustration und Hoffnungslosigkeit gehen lassen. Negative Gefühle werden durch neue Möglichkeiten für ein glückliches Leben ausgetauscht. Sie können Dankbarkeit üben, indem Sie es durch Affirmationen ausdrücken oder einen Brief schreiben mit all den kleinen Dingen, für die Sie dankbar sind, und diesen ins Universum schicken. Danken Sie anderen für ihre Hilfsbereitschaft. Wenn Ihr Herz mit Dankbarkeit gefüllt ist, ist Selbstliebe nur noch einen Schritt weit entfernt. Niemand kann so gut sein wie Sie selbst. Dankbar zu sein für all Ihre Gaben zieht weitere Gaben an.

Trauminterpretation

Spirituelle Heilung oder Reinigung kann höchst effektiv sein. Es gibt zahlreiche Wege, es zu praktizieren. Beliebte Techniken sind Selbsthypnose, Trauminterpretation, Yoga, Reiki, Aromatherapie und Qigong.

Trauminterpretation ist ein wundervoller Weg, um mit Ihrem inneren Ich in Einklang zu kommen. Unsere Träume haben die Schlüssel zu den Facetten, die unser Geist verschlossen hält. Erhöhtes Bewusstsein unserer Träume und sie akkurat zu interpretieren hilft uns, in unser Unterbewusstsein einzutauchen und eine starke Verbindung zu uns selbst herzustellen. Was hält uns zurück? Welche Gefühle müssen wir eliminieren, um uns wieder lieben zu können? Was hält uns davon ab, unsere Ziele im Leben zu erreichen? Welche unserer positiven Eigenschaften können wir benutzen, um an diese Ziele zu kommen?

Der Weg zur Selbstheilung und Selbstakzeptanz wird einfacher, wenn wir uns unserer tiefsten Gefühle bewusst sind. Das Universum und unser Geist sind stetig in Kontakt mit uns durch Metaphern und Symbolik in unseren Träumen. Das Entschlüsseln unserer Träume gibt uns die Macht, uns noch mehr zu akzeptieren und zu lieben. Eine Verbindung mit dem höheren Geist erlaubt uns, ein lohnenswerteres, bedeutungsvolleres und abgerundeteres Leben zu leben.

Sport

Sport ist ein genauso spirituell erfüllender und reinigender Vorgang als auch eine körperlich belohnende Aktivität. Wenn Sie Ihrem Körper mehr Liebe und Respekt zeigen, zeigen Sie automatisch auch sich selbst mehr Liebe. Die Teilnahme an aufregendem und herausforderndem Streben ist mit dem Verwöhnen Ihres Geistes gleichzusetzen, was wiederum erhöhte Selbstliebelevel zur Folge hat.

Haben Sie schon mal das befreiende Hoch nach einem Lauf oder einer anderen körperlich anstrengenden Herausforderung gespürt? Das Gefühl, Bäume ausreißen zu können? Genau das ist, was Sport für Ihren Geist tun kann. Es hilft Ihnen dabei, negative Gefühle wortwörtlich auszuschwitzen und sich auf Ihre körperlichen Stärken zu konzentrieren.

Gebete

Beten kann extrem heilend und reinigend sein, wenn es um den Glauben an sich selbst geht, und Ihnen unabhängig von Ihrem spirituellen oder religiösen Glauben helfen, Stress abzubauen und Wunder wahr werden zu lassen.

Die Teilnahme an sogenannten Healing Circles kann eine wunderbare und seelenöffnende Erfahrung sein. Wenn Sie die geballte Power von Gebeten und positiver Energie erleben wollen, dann besuchen Sie Ihre lokale Healing Circle Gruppe. Die positive Einstellung von Menschen, die an die Kraft des Glaubens glauben, kann Ihren persönlichen Horizont erweitern.

Entdecken Sie Ihren *Happy Place*

Wir alle haben diesen einen Ort, an dem wir uns sofort wohlfühlen. Dieser Ort kann Ihre lokale Bibliothek sein, ein Stadtpark oder sogar Ihre Garage, er hilft Ihnen dabei, Ihre positiven Energien mit Bewusstsein und Gelassenheit zu kannelieren. Wenn Sie noch keinen *Happy Place* haben, dann machen Sie sich jetzt auf die Suche. Es kann in einer ruhigen Ecke Ihres Hauses sein, in der Sie sich wohl und geborgen fühlen.

Ihr *Happy Place* hilft Ihnen, sich mit Ihrem inneren Ich zu verbünden und das in einer inspirierenden Umgebung. Es hilft Ihnen dabei, vom Alltag loszulassen und sich auf sich selbst zu konzentrieren. In dieser Zeit können Sie alles machen; von einer Unterhaltung mit sich selbst bis hin zum Niederschreiben Ihrer tiefsten Gedanken. Erleben

Sie die inspirierende Energie Ihres Happy Places.

Folgen Sie Ihrer Intuition

Wenn Sie lernen, sich von Ihrer Intuition führen zu lassen, öffnet sich auch das Tor zur höheren Selbstliebe. Wenn wir auf unsere innere Stimme hören, bauen wir ein starkes Fundament mit unserer inneren Kraft. Schauen Sie sich nach Hinweisen und Zeichen um, die Ihnen sofort ein Bauchgefühl geben. Wenn sich etwas richtig oder falsch anfühlt, dann ist es das wahrscheinlich auch. Geben Sie sich dabei Mühe, Ihre Intuition zu trainieren, indem Sie meditieren oder Selbstgespräche führen. Wenn Sie lernen, mit Ihrer inneren Stimme zu kommunizieren, lassen sich Entscheidungen leichter treffen.

Kapitel 2: Selbstliebe und Tagebuchführen

Tagebuchführen hat unzählige Vorteile. Es hilft Ihnen nicht nur, Ihr Wachstum als Person zu verfolgen, sondern auch, Ihre Gedanken, Gefühle und Stimmungen schriftlich festzuhalten, und am wichtigsten, alles bewusst Geschriebene zu verinnerlichen. Können Sie wirklich etwas erreichen, wenn Sie selbst nicht an sich glauben? Unwahrscheinlich. Tagebuchführen hilft Ihnen dabei, Ihre Ziele zu festigen und mit Ihrem inneren Ich in Kontakt zu treten, um sich bedingungslos selber zu lieben und zu akzeptieren.

Das Niederschreiben unserer Gedanken, Gefühle und Affirmationen ist nicht nur ein Wohlfühlritual. Jedes Mal, wenn Sie Ihre tiefsten Gedanken aufschreiben, verinnerlichen Sie sie, indem Sie Signale an Ihr Unterbewusstsein schicken. Ihr Unterbewusstsein arbeitet dann aktiv daran, diese Ziele oder Gefühle umzusetzen.

Die Sache mit dem Unterbewusstsein ist, dass es nicht zwischen Wirklichkeit und imaginärer Realität unterscheiden kann. Es glaubt, dass alle verinnerlichten Gefühle real sind. Wenn Sie Ihre positiven Affirmationen, Träume und Gedanken aufschreiben, hält Ihr Unterbewusstsein sie für echt.

Also, wenn Sie zum Beispiel wiederholt schreiben, dass Sie wundervoll sind und sich selber lieben, dann hält Ihr Unterbewusstsein es für die Wahrheit und leitet Ihr Handeln und Benehmen in Richtung dieser Realität. Das bedeutet, dass Ihre Affirmationen und Gedanken Ihr Handeln bestimmen. Sobald Sie sich daran gewöhnt haben, Ihre Gedanken, Ziele oder Träume aufzuschreiben, werden Sie merken, wie sich Ihr Handeln in das Niedergeschriebene einfügt.

Indem Sie sich auf ein positives Leben konzentrieren, steigern Sie Ihr Selbstwertgefühl und sind empfänglicher für höhere Selbstliebe. Sie bringen Ihren Geist dazu, zu glauben, dass Sie ein wundervolles, positives und erfülltes Leben führen. Das wiederum hilft Ihnen dabei, genau dieses Leben für Sie zu erschaffen. Indem Sie sich auf die positiven Aspekte konzentrieren, pflegen Sie die Liebe zu sich selbst.

Schreiben Sie mit einem klaren und fokussierten Geist. Was genau wollen Sie in Ihrem Streben nach Selbstliebe erreichen? Ein persönliches Ziel? Möchten Sie sich einfach akzeptieren, so wie Sie sind? Sind Sie darauf aus, einen verlockenden Traum wahrzumachen? Nehmen Sie sich jeden Tag ein paar Minuten Zeit, um Ihre Ziele und Gefühle niederzuschreiben.

Gestalten Sie Ihr Tagebuch so inspirierend und anspornend wie nur möglich. Schmücken Sie es mit ermutigenden, glücklichen und positiven Bildern, die Ihre Selbstliebe stärken. Benutzen Sie motivierende Zitate, aussagekräftige Sticker, Sketche und mehr, um Ihre Ziele und Selbstliebe zu illustrieren. Verbringen Sie weniger Zeit mit unproduktiven Aktivitäten, wie am Smartphone zu spielen, und setzen Sie Ihren Fokus darauf, mehr Bedeutung in Ihr Leben zu bringen. Ähnlich wie bei der Meditation gibt Ihnen Tagebuchführen die Chance, Ihre inneren Fähigkeiten zu reflektieren und höhere Selbstliebe und Akzeptanz von innen heraus zu finden.

Fokussieren Sie Ihre Energie darauf, Ihre Gedanken akkurat niederzuschreiben, indem Sie einen freien Geist beibehalten. Erlauben Sie es Ihren Gedanken nicht, abzuschweifen. Denken Sie an all die Dinge, für die Sie dankbar sind. Denken Sie an die Ziele, die Sie erreichen wollen. Stellen Sie sich sich und Ihr Leben vor, nachdem Sie diese Ziele erreicht haben. Was werden Sie dann sagen und tun? Versuchen Sie, sich in Ihr Zukunfts-Ich einzufühlen. Verinnerlichen Sie dieses Gefühl, indem Sie sich vorstellen, Ihr Zukunfts-Ich wäre Ihr jetziges. Als hätten Sie bereits all Ihre Ziele erreicht und wären die Person, die Sie immer schon sein wollten.

Suchen Sie einen ruhigen, besinnlichen und inspirierenden Ort, um Ihr Tagebuch zu schreiben. Dieser Ort sollte frei von Ablenkungen sein, spirituell stimulierend und motivierend. Das kann Ihr liebster Garten sein, in dem Sie sich in Einheit mit der Natur fühlen oder eine spirituell erregte Ecke in Ihrem Haus, die bedeutsam für Sie ist. Im Prinzip jeglicher Ort, an dem Ihre Gedanken frei und ungestört fließen können.

Behandeln Sie Ihr Tagebuch wie Ihren besten Freund und schütten Sie ihm beim Schreiben Ihr Herz aus. Schreiben Sie über Ihren Tag und die Dinge, die Sie an sich selber mögen. Das wird den Prozess der Selbstakzeptanz erleichtern. Jedes Mal, wenn Sie etwas Gutes an sich quittieren, praktizieren Sie Selbstliebe. Sie geben Ihrem Unterbewusstsein die Nachricht, dass Sie daran glauben, wie wundervoll Sie sind, und das, im Einklang mit Ihren Gedanken, kreiert noch mehr Großartigkeit.

Wie Sie Ihr Tagebuch führen wollen, ist eine persönliche Entscheidung. Schlagen Sie einen Stil ein, mit dem Sie sich wohlfühlen. Während manche von uns das Tagebuch nutzen, um Glücksmomente festzuhalten, verwenden es andere, um täglich zu notieren, wofür sie an dem jeweiligen Tag dankbar sind. Jedes Mal, wenn Sie einen schlechten Tag haben, werden Ihnen Ihre Tagebucheinträge wieder ein Lächeln ins Gesicht zaubern. Es schenkt Ihnen ein Gefühl von Frieden und Zufriedenheit, an all die positiven Seiten Ihres Ichs erinnert zu werden. Der Fokus wandert von den negativen Dingen zu den Dingen, die Sie lieben.

Sie können auch ein monatliches Journal anlegen mit verschiedenen Farbcodes, um Ihren Tag zu planen. Wenn Sie zum Beispiel an einem bestimmten Wochentag zum Zumba gehen, wählen Sie eine leuchtende Farbe. Wenn Sie Ihre Aufmerksamkeitsmeditation oder Freiwilligenarbeit planen, wählen Sie eine sanfte Farbe. Ihr Journal sollte einzigartig, persönlich und auf Sie zutreffend sein. Es soll förmlich „Sie" schreien.

Sie können auch über jemanden schreiben, den Sie zutiefst verehren. Diese Person könnte eins Ihrer Geschwister sein, eine Freundin oder eine bekannte Persönlichkeit. Erwähnen Sie ihre bewundernswertesten Eigenschaften. Was inspiriert sie? Welche Hürden haben diese Menschen in ihrem Leben überkommen? Das Beantworten dieser Fragen hilft Ihnen dabei, die Eigenschaften der Menschen aufzunehmen, die Sie inspirieren, was wiederum Ihre Handlungen leitet. Sie akzeptieren, dass diese Menschen, genau wie Sie auch, Makel hatten, die sie überkommen haben.

Sie können Ihr Journal als Tool für ein Leben mit mehr Balance, Liebe und Belohnung benutzen. Zum Beispiel: Ich bin am stolzesten, wenn ...., ich bin dankbar für ...., ich bin am glücklichsten, wenn........ etc.

Ein Brief mit aufmunternden Worten an Ihr Kinder- oder Jugend-Ich ist ein toller Weg, sich für all die Dinge zu loben, die Sie bereits gemeistert haben. Konzentrieren Sie sich auf die Ereignisse, die Sie glücklich gemacht haben und einen positiven Einfluss auf Ihr Leben hatten. Wie kann der Einfluss von Positivität Ihr Leben verändern? Wenn Sie von Ihrem Ziel abschweifen oder sich selbstkritisch fühlen, lesen Sie Ihre Notizen, um sich wieder auf den richtigen Pfad zu leiten.

Schreiben Sie im Hier und Jetzt. Schreiben Sie Ihre Ziele nicht als etwas auf, das Sie von der Zukunft erwarten. Schreiben Sie so, als würden Sie diese Gaben bereits besitzen. Also, statt darüber zu schreiben, dass Sie sich mehr Liebe in Ihrem Leben wünschen, schreiben Sie, dass Sie sich bereits geliebt fühlen, auch wenn das nicht der Fall ist. Konzentrieren Sie sich darauf, so zu schreiben, als hätten Sie das, was Ihnen momentan im Leben fehlt, bereits erhalten. Das kreiert einen positiveren Kreis, der Ihnen hilft, das zu offenbaren, was Sie gerne hätten.

Kapitel 3: Schluss mit dem Durcheinander

Das Ausrümpeln Ihrer Wohnung oder des Kleiderschranks kann lohnenswerter sein, als Sie glauben. Es schafft nicht nur Platz für das neue Sie, es ist außerdem heilsam für Ihren Geist. Ein ordentlicher Platz reflektiert einen Geist, der frei von Chaos ist. Und das ebnet den Weg zur Selbstakzeptanz und Liebe.

Selbst eine einfache Tat wie das Aufräumen eines Schranks hat einen starken Effekt auf Ihr Wohlsein. Das Wegschmeißen von altem, ungewollten Kram erlaubt Ihnen, Platz für die neuen, aufregenden Sachen zu machen, die Sie in Ihrem neuen Leben erwarten.

Ihre Wohnung ist eine Reflektion Ihres inneren Lebens

Unser Wohnraum ist eine Reflektion unseres inneren Zustands. Je präsenter, ausgeglichener und ruhiger Ihr Leben ist, desto weniger wollen Sie in einem Chaos wohnen. Gewisse Situationen und Umstände sind vielleicht nicht in Ihrer Kontrolle, aber Sie haben Kontrolle über Ihre Einstellung dazu. Selbst wenn Ihr Zustand gerade nicht fantastisch ist, Sie können Ihre Gefühle ändern, indem Sie wählen, in einer sauberen und aufgeräumten Umgebung zu leben.

Schaffen Sie Raum für Neues

Wenn Sie Altes loslassen, schaffen Sie automatisch Raum für Neues. Wenn Sie Ihren Wohnraum ausmisten, reinigen Sie Ihre Seele von alten, schmerzhaften Erinnerungen, negativen Gedanken oder ungewollten Lasten der Vergangenheit. Wenn Sie sich von der Negativität der Vergangenheit befreit haben, können Sie sich all den positiven

Dingen der Zukunft öffnen. Das Loslassen von alten Lasten ermöglicht Ihnen, Raum für Neues zu schaffen. Befreien Sie sich von den negativen Aspekten Ihres Hauses und Geistes, und ersetzen Sie es mit positiveren Gedanken und Gefühlen.

Mindern Sie Angstgefühle

Unordnung ist oftmals ein Indikator für unerledigte und vergessene Aufgaben. Es ist ein Wirrwarr, dass wir zu faul waren, zu konfrontieren oder zu Ende zu bringen. Das Chaos wächst und ragt immer höher über unseren Köpfen hinweg, was zu ängstlichen Gedanken und Handeln führen kann. Angstgefühle, die auf unerfüllte Aufgaben oder negative Erinnerungen zurückzuführen sind, sind kontraproduktiv für die Selbstliebe. Indem Sie angestaute Aufgaben in einer aufmerksamen und bewussten Weise angehen, eliminieren Sie Gefühle von Nervosität und Angst, die Sie davon abhalten, eine selbstbewusstere Person zu sein.

Produktivität ankurbeln

Sobald das Chaos aus dem Weg geräumt ist, gibt es keine physischen Hindernisse mehr, die Sie davon abhalten, produktiv und effektiv zu handeln. Sie können wesentlich mehr in einem kürzeren Zeitraum erreichen, wenn Sie nicht ständig im Chaos nach Gegenständen suchen müssen. Stellen Sie sich vor, eine halbe Stunde damit zu verbringen, nur um einen wichtigen Ordner zu suchen, den Sie brauchen, um ein Projekt abzuschließen. Und dann die Deadline verpassen, nur weil Sie die fehlenden Papiere nicht finden konnten.

Ihr Boss ist sauer und hält nicht hinter dem Busch damit, was er von Ihrer unorganisierten Arbeitsweise hält. Was passiert in dem

Moment mit Ihrem Selbstbewusstsein? Wenn Sie Ihren Wohn- und Arbeitsplatz ordentlich halten, signalisiert das nicht nur Ihnen selbst, sondern auch dem Universum, dass Sie höchst produktiv und effektiv arbeiten. Das kann ein exzellenter Schub für Ihre Selbstliebe sein, denn es erhöht Ihren Selbstbewusstseinslevel und die Art, wie Sie sich selber sehen.

Eine ordentliche Umgebung zieht Kreativität an

Wenn Sie sich von den Fesseln ungewollter Güter befreit haben, sind Sie offener für positive Energien und Lebenskraft. Kreativität wird durch positive Lebensenergie in Ihr Leben gebracht, wenn es frei und ohne Behinderung fließen kann.

Oft wird der Begriff „Blockade" benutzt, wenn wir nichts kreieren können oder eine Barrikade in unserer Kreativität spüren. Das Beseitigen unseres Durcheinanders entblockt unsere Energie und erlaubt unserer Kreativität, wieder aufzublühen. Wenn Sie kreativ und produktiv sind, erhöht sich Ihr Selbstwertgefühl dramatisch.

Möglichkeiten tauchen auf

Wie oft ist es Ihnen schon passiert, dass Sie eine E-Mail mit einem Geschäftsvorschlag beim Ausmisten Ihres E-Mail-Fachs gefunden haben oder die Kontaktangaben eines alten Arbeitskollegen, der Ihnen gerade behilflich sein könnte? Wie oft haben Sie schon lang vergessenes Geld in Ihrer Jackentasche gefunden? Geld und Möglichkeiten sind zwei der positivsten Nebeneffekte des Ausrümpelns. Sie öffnen sich höheren Energien, Geld und Möglichkeiten während des Prozesses der Chaosbeseitigung.

Befreien Sie sich von alten Lasten

Wenn Sie Geschenke von alten Liebhabern oder Freunden behalten, kann es zur Folge haben, dass es jedes Mal negative Gefühle und Assoziationen hervorruft, wenn Sie den Gegenstand in der Hand halten. Das Entsorgen dieser alten Geschenke hilft Ihnen, sich aus einer Vergangenheit, die keiner Erinnerung wert ist, zu entkommen und sich stattdessen auf die Zukunft zu freuen.

Eventuell haben Sie bestimmte Gegenstände in Ihrem Haus, die Sie an negative Perioden Ihres Lebens erinnern. Das Ausmisten dieser Gegenstände lässt Sie den Schmerz dieser Zeit loslassen. Sie sollten sich nicht mit Dingen umgeben, die einen negativen Vibe ausstrahlen. Behalten Sie keine Gegenstände, die Sie an das erinnern, was bereits geschehen ist. Lieben Sie sich bedingungslos selbst, und seien Sie sich sicher in dem Wissen, dass nur das Beste auf Sie wartet.

Erhöhter mentaler Fokus

Ein ordentlicher Arbeitsplatz gibt Ihnen die Möglichkeit, zu denken, kuratieren, organisieren und Informationen zu verarbeiten. Es erhöht Ihre Konzentrationslevel und Ihren mentalen Fokus. Wenn Sie klar denken, erzielen Sie automatisch bessere Ergebnisse, was wiederum in höherer Selbstliebe resultiert. Ein chaotischer Arbeitsplatz verschlingt Ihre Konzentration und lenkt Sie von den wesentlichen Aufgaben ab.

Fangen Sie klein an

Kreieren Sie eine simple Routine und verpflichten Sie sich dazu, bei der Stange zu bleiben, während Sie die Messlatte stetig höher legen. Fangen Sie damit an, zwei Mal täglich abzuwaschen und den Müll rauszubringen. Selbst diese Kleinigkeiten führen zu einem langfristig ordentlicheren Haushalt und können Angstgefühle reduzieren. Das Erledigen von täglichen Haushaltsarbeiten erfüllt Sie mit einem wunderbaren Gefühl von Zufriedenheit, was Ihr Selbstbewusstsein und Selbstwertgefühl erhöht.

Kapitel 4: Zur Selbstliebe durch Visualisierung

Der Begriff „Visualisierung" ist kein unbekannter, wenn es um die Themen Persönlichkeitsentwicklung, Selbstbewusstsein und Selbstliebe geht. Was aber ist Visualisierung? Visualisierung ist nichts anderes als Kopfkino, bei dem wir reflektieren, wer wir sind oder wer wir sein wollen. Die Idee basiert auf dem soliden Konzept, dass wir das anziehen, woran wir häufig denken. Wenn wir uns also zum Beispiel auf Fülle fokussieren, ziehen wir Fülle an, weil unser Unterbewusstsein und das Universum in Zusammenarbeit mit unseren Gedanken kooperieren.

Jeder unserer Gedanken hat eine Frequenz und, wenn wir diese Gedanken denken, geben wir eine bestimmte Frequenz an das Universum ab, welches uns eine passende Antwortfrequenz schickt. Daher kreieren positive Gedanken eine positive, produktive und belohnende Frequenz, die in einer gleichermaßen positiven von einer vom Universum geschickten Realität resultiert. Negative Gedanken neigen zu einer kontraproduktiven Frequenz, die sich im realen Leben als Hilflosigkeit und Mangel widerspiegelt.

Selbstliebe durch Visualisierung zu praktizieren beinhaltet, sich Dinge vorzustellen, die kraftvolle Signale von Positivität in die Welt der Quantumenergien schickt. Hier sind einige effektive Wege, um Visualisierung zu üben.

Erstellen Sie ein Visionboard

Ein Visionboard ist eine Tafel, die verwendet wird, um Bilder zur Schau zu stellen, die uns helfen, unseren Fokus auf ein bestimmtes Lebensziel oder positive Gedanken zu lenken. Wenn Sie sich z.B. nicht besonders selbstbewusst fühlen, können Sie Ihren Fokus sofort ändern, indem Sie Bilder von Ihren stolzesten, selbstbewusstesten Momenten auf Ihr Visionboard pinnen. Hängen Sie es an einem Platz auf, an dem Sie es regelmäßig sehen.

Unser Geist reagiert besonders gut auf visuelle Stimuli, was unsere Sinne im Gegenzug für Positivitätsschwingungen schärft. Das hilft uns, all die Dinge anzuziehen, die wir uns vorstellen oder die wir sein wollen. Verwenden Sie bedeutungsvolle und relevante Bilder, die Ihnen wichtig sind. Das können persönliche Fotos sein oder Bilder, die sich mit Ihren positiven Lebenszielen identifizieren können.

Benutzen Sie Zeichnungen, Sticker, Bilder, Artikel aus Zeitschriften – alles, was Ihre Träume visuell darstellt. Suchen Sie sich ein Foto aus, auf dem Sie glücklich aussehen und schreiben Sie rundherum motivierende Zitate, Stichworte oder persönliche Reflektionen. Das Bildmaterial kann etliche Ihrer Lebenswege widerspiegeln. Das wird Ihnen dabei helfen, positiver und zielorientierter zu sein und Ihren Fokus zu verlagern - von dem, was Sie nicht haben, zu dem, was Sie werden wollen. Ihre Handlungen werden mehr in Tandem mit der Person sein, die Sie sein wollen.

Geführte Visualisierung

Geführte Bildsprache oder Visualisierung bedeutet, mit Hilfe von externen Ideen und Vorschlägen in einen Zustand von fokussierten Gedanken gebracht zu werden. Es ist eine Form von Meditation, bei der

der Lehrer verbale Anleitungen gibt oder Tonbänder verwendet, um Ihnen bei der Meditation zu helfen, indem er Sie sich visuelle Szenen, Bilder, Töne, Gerüche etc. vorstellen lässt, die eine starke Nachricht von Positivität an Ihr Unterbewusstsein leitet. Es führt Sie in einen erfinderischen Geisteszustand, indem Sie sich die Dinge vorstellen, die Sie an sich lieben, während Sie tiefenentspannt sind.

Geführte Visualisierung ist die einfachste Form von Mediation, da sie weder viel Disziplin, Geschick noch Zeit benötigt. Der Geist kann mit ansprechenden Bildern eines geschulten Lehrers einfach verführt werden. Man kann schnell in eine immersive Trance fallen, ähnlich wie bei der Selbsthypnose. Wenn Sie mit keinem Lehrer zusammenarbeiten wollen, gibt es etliche YouTube Videos, die Ihnen mit geführten Meditationen helfen können. Je glücklicher, positiver und produktiver Ihre Visualisierungen sind, desto mehr werden Sie sich akzeptieren und lieben.

Das Ziel ist, unseren Geist zu leeren und dahin zu leiten, wo wir ihn haben wollen. Sie geben die Anleitung an Ihr Gehirn und lassen Ihre Vorstellung dahin wandern, wo sie will. Visualisierungen bieten fantastische Einblicke in Ihre Gedanken, basierend auf dem Bildmaterial, das Sie sehen.

Aktivieren Sie mehrfache Sinne während des Visualisierungsvorgangs. Stellen Sie sich nicht nur vor, wie Ihr Traumhaus aussieht, sondern auch, wie sich Ihr Sofa in Ihrem Traumhaus anfühlt. Was für Geräusche hören Sie in Ihrem Garten? Wie riecht Ihr Traumhaus? Je detaillierter und genauer Ihre Visualisierungen sind, desto höher sind Ihre Chancen, diese Bilder zu verinnerlichen und Ihre Ziele zu erreichen. Ihr Gehirn erhält ständig Nachrichten und erkennt den

Unterschied nicht zwischen real und vorgestellt. Machen Sie einen starken Eindruck, indem Sie Ihre Visualisierungen so darstellend wie möglich gestalten.

Sagen wir z.B., dass Sie bei öffentlichen Reden gerne selbstbewusster auftreten möchten. Wenn Sie geführte oder auch andere Visualisierungsformen üben, üben Sie diese tiefgründig. Wie sieht die Bühne aus, auf der Sie stehen? Wer ist Ihr Publikum? Was tragen Sie? Wie sprechen Sie die Gruppe an? Wie hört sich der Ton an? Wie ist Ihre Körpersprache? Wie reagiert das Publikum auf Sie? Wie gehen Sie mit den Fragen und Widerlegungen um? Wenn Ihr Gehirn bestimmte und klare Signale erhält, werden Ihre Handlungen Hand in Hand mit den Signalen gehen.

Schatzkarte

Dies ist eine Visualisierungsmethode, die sich auf ein einziges Ziel konzentriert. Bleiben wir bei dem Beispiel, dass Sie bei öffentlichen Reden selbstbewusster auftreten wollen. Wenn Sie ein klares Ziel im Kopf haben, fangen Sie an, alle beinhalteten Aspekte zu veranschaulichen. Sie können eine Skizze von sich selbst zeichnen, einer Bühne oder was auch immer Sie mit Ihrem Ziel assoziieren.

Gestalten Sie die Zeichnungen so detailliert und relevant wie möglich. Die Qualität der Zeichnung ist dabei unwichtig. Konzentrieren Sie sich auf Ihre Gefühle, während Sie die Objekte zeichnen. Sie helfen Ihrem Geist damit, den Weg zum Erfolg zu pflastern, während Sie üben, Ihre Pläne auszuarbeiten. Schalten Sie alle Ablenkungen aus und sitzen Sie in friedlicher Stille, während Sie die Schatzkartenmethode anwenden.

Abgewandelte Erinnerungsvisualisierung

Die abgewandelte Erinnerungsmethode konzentriert sich darauf, schmerzhafte Erinnerungen abzuwandeln, um uns von der Last zu befreien, die es uns verbietet, uns selbst zu lieben. Befreien Sie sich von Reue, Groll und Wut, indem Sie vor Ihrem inneren Auge unliebe Szenen der Vergangenheit abspielen. Der Trick dabei: Ersetzen Sie Ihre von Wut und Reue erfüllten Antworten mit sanfteren, ausgeglicheneren.

Es wird einiges an Aufwand kosten, Ihr Gehirn so zu überholen, dass alle negativen Reaktionen durch positive ersetzt werden. Aber wenn Sie diesen Vorgang einige Male wiederholt haben, wird Ihr Gehirn die „bearbeitete" Version abspulen. Die unangenehmen Erinnerungen werden mit der Zeit verblassen. Das wird Ihnen helfen, sich von störenden Erinnerungen zu befreien und mehr Platz für positive, selbstliebende Gedanken zu schaffen. Sie können diese und andere Visualisierungsmethoden mit Tagebuchführen zusammen praktizieren. Schreiben Sie Ihre Gedanken, Gefühle und Reflektionen während Ihrer Visualisierungen auf und dokumentieren Sie, wie sie sich mit der Zeit ändern.

Kapitel 5: Leben Sie Ihre Leidenschaft

Können Sie sagen, dass Sie Ihr Leben lieben? Reizen Ihre Freizeitbeschäftigungen Sie? Jagen Sie nach Möglichkeiten, um Ihre Leidenschaften zu erfüllen? Die Mehrheit der Bevölkerung lebt nicht das Leben ihrer Träume. Sie leben ein Leben der Verzweiflung und des Zwangs, diktiert von den praktischen Grundbedürfnissen. Im Leben geht es darum, seiner Routine zu folgen, Status Quo zu kreieren. Die wenigsten haben das Selbstbewusstsein oder den Mut, ihrer Leidenschaft zu folgen, obwohl das der Schlüssel zu einem erfüllteren Leben ist, das in hoher Selbstliebe resultiert.

Strukturieren Sie Ihr Konzept vom Scheitern um

Der häufigste Grund, dass Menschen ihre Leidenschaft nicht ausleben, kann sich an einem festmachen lassen: Die Angst vorm Versagen. Einer der besten Wege, sich wieder selbst zu lieben ist, etwas zu tun, das man schon immer mal ausprobieren wollte. Ganz ohne sich von seiner eigenen Angst vorm Versagen zurückhalten zu lassen.

Das Umstrukturieren des Konzepts vom Scheitern, wie die Welt es kennt, wird Sie zu einem zufriedeneren und erfüllteren Leben führen. Sobald Sie verstehen, dass Scheitern subjektiv ist, werden Sie sich trauen, die Dinge zu verfolgen, für die Ihre Seele brennt. Für manche bedeutet Erfolg mehr Geld, für andere bedeutet es mehr bereichernde Erfahrungen.

Einige Menschen sehen es als Versagen an, wenn Sie Freiwilligeneinsätze quer über den Globus abwickeln oder Kindern in unterentwickelten Nationen Englisch beibringen. Aber für Sie ist es vielleicht das erfüllendste Gefühl der Welt. Das Umstrukturieren des Konzepts vom Scheitern ist notwendig, wenn es darum geht, Ihre Leidenschaft auszuleben und sich selbst zu lieben.

Begrüßen Sie Risiken und Ungewissheit mit offenen Armen

Der Weg zum Ausleben Ihrer Leidenschaft ist oftmals mit Risiken und Ungewissheit gepflastert. Sie müssen ins Unbekannte treten, ohne das Ergebnis Ihrer Entscheidung zu kennen. Dennoch, ohne berechnetes und gut geplantes Risiko können wir nicht viel Wachstum erwarten. Sie müssen sich an das Risiko und die Ungewissheit gewöhnen, um auf die Schnellstraße Ihres eigenen Potentials zu gelangen.

Folgen Sie Ihren kleinen Leidenschaften

Wenn es darum geht, Ihrer Leidenschaft zu folgen, müssen nicht immer lebensverändernde Entscheidungen getroffen werden. Sie können erst mal kleine Brötchen backen, indem Sie sich einen lang gehegten Wunsch erfüllen. Sie wollten zum Beispiel schon immer eine andere Sprache lernen oder Bauchtanz, Singunterricht nehmen oder Meister der italienischen Küche werden. Es ist nie zu spät, diese Leidenschaften auszuleben. Nehmen Sie sich Zeit für diese Aktivitäten, um eine neue Welle von Positivität zu spüren. Wenn Sie die Dinge erlernen, die Sie schon immer lernen wollten, werden Sie von Stolz und einem Gefühl von Vollbringung erfüllt, was wiederum Wunder für Ihr Selbstbewusstsein bewirken kann.

Erweitern Sie Ihre gleichgesinnte Gemeinschaft

Wenn Sie Ihre Reise zur Erfüllung Ihrer Leidenschaften beginnen, werden Sie einige passionierte, enthusiastische Menschen treffen, die die gleichen Ziele teilen. Diese Menschen werden Teil einer starken

Gemeinschaft, in der Sie sich gegenseitig unterstützen und aufbauen können. Sie erweitern Ihren Horizont, geben neue Denkanschübe und bieten kreative Lösungen an.

Das hilft Ihnen nicht nur, ein erfüllteres Leben für Sie selbst zu gestalten, sondern auch bei der Transformation in ein selbstsicheres, weiterentwickeltes und bewusstes Individuum.

Höheres Selbstbewusstsein

Wenn Sie Ihre Passion erkunden und jagen, lernen Sie eine Menge über sich selbst. Sie werden herausfinden, worin Sie besonders gut und was Ihre tiefsten Wünsche sind. Sie werden einen wahren Einblick in Ihre Persönlichkeit, Eignung, Intelligenz und Fähigkeiten bekommen. Wenn Sie sich von innen heraus kennen, ist es einfach, Ihre positiven Aspekte zu feiern und die negativen zu akzeptieren. Selbstbewusstsein steigert die Fähigkeit, sich selbst bedingungslos zu lieben.

Fordern Sie sich selbst heraus

Wann haben Sie sich das letzte Mal selbst herausgefordert, indem Sie Ihre Komfortzone verlassen haben? Wann haben Sie das letzte Mal etwas getan, wovor Sie Angst haben? Wann haben Sie das letzte Mal etwas erreicht, von dem Sie dachten, dass Sie es nie schaffen könnten?

Ihre Leidenschaft zu jagen bedeutet, sich selbst herauszufordern. Es erlaubt Ihnen, Ihr unbewusstes Potential auszuschöpfen. Wenn Sie etwas ausprobieren, zu dem Sie in der Vergangenheit nie den Mut hatten, schauen Sie Ihrer Angst direkt ins Gesicht. Sie beweisen sich selbst, dass Sie unbegrenzte Reserven an Mut in sich tragen. Das ist der ultimative Selbstliebebooster.

Werden Sie Teil einer Bewegung

Nur wenige Dinge im Leben haben denselben Feel-Good-Faktor wie einen Unterschied in den Leben anderer zu machen. Wenn Sie einem Individuum, das weniger Glück im Leben hat als Sie, helfen, kreieren Sie einen kraftvollen Kreis der Liebe. Unterstützen Sie eine Bewegung, die eine persönliche Bedeutung für Sie hat. Nehmen Sie sich die Zeit, diese Bewegung zu unterstützen, indem Sie Ideen beisteuern und somit das Leben anderer einfacher machen. Nichts ist so zufriedenstellend wie Ihre eigene Expertise einzusetzen, um anderen zu helfen.

Wenn Sie tief am Geben beteiligt sind, werden Ihre Selbstliebelevel in die Höhe schießen und Ihr Geist wird angehoben. Außerdem werden Sie dankbarer sein für die Gaben, die Sie bereits in Ihrem Leben haben und für alles, was Sie sind.

Kapitel 6: Lernen Sie, Nein zu sagen

Wie viele andere Menschen, die ein geringes Selbstbewusstsein haben, finden auch Sie es vielleicht schwer, Nein zu sagen. Ihre Unfähigkeit, Nein zu sagen, resultiert darin, dass andere Sie ausnutzen oder ihre Prioritäten vor Ihre setzen. Das führt oft dazu, dass Sie mehr Verantwortung annehmen, als Ihnen lieb ist, und Ja zu Aufgaben sagen, die Sie eigentlich gar nicht machen wollen.

Diese Aufgaben, die Sie mit Groll erfüllen, führen zu Gefühlen von Überwältigung, Angst und Burn-Out. Die aufsteigenden Gefühle von Depression, Wut und Unmut für sich selbst und andere kann ein großer Hieb sein, wenn es darum geht, sich selbst zu lieben. Lernen, Nein zu sagen, ist ein wichtiger Schritt auf Ihrer Reise zur Selbstliebe.

Verwechseln Sie Nein zu sagen nicht mit Egoismus

Nein zu sagen bedeutet nicht, dass Sie selbstsüchtig sind. Es bedeutet einfach, dass Sie sich selbst genug respektieren, um etwas abzulehnen, wozu Sie gerade nicht die Zeit oder Energie haben. Das kann z.B. bedeuten, nicht das Arbeitspensum Ihres Kollegen anzunehmen oder die Einladung zum Ausgehen mit Freunden nach einem langen Arbeitstag.

Wenn Sie zu allem Ja sagen, bedeutet das nicht, dass Sie selbstlos sind. Es bedeutet vielmehr, dass Sie andere Menschen Ihr Selbstbewusstsein unterdrücken lassen, indem Sie Ihnen erlauben, Ihren Wünschen gegenüber nur wenig Respekt zu zeigen.

Durchsetzungsfähigkeit ist nicht dasselbe wie Egoismus. Egoismus ist, wenn Sie sich und Ihre Bedürfnisse ständig über das anderer Menschen stellen. Durchsetzungsfähigkeit bedeutet, dass Sie nicht ständig dem Druck anderer nachgeben. Kreieren Sie eine Balance, in der Sie nicht hinten anstehen.

Keine Schuldgefühle für Ihre Prioritäten

Wenn Sie jemand bittet, etwas zu tun oder zu sagen, womit Sie nicht einverstanden sind, ist es Ihr absolutes Recht, dieser Person Ihre wahren Gefühle mitzuteilen - ohne ein schlechtes Gewissen zu haben. Wenn Sie keine Zeit haben, dann teilen Sie der betroffenen Person höflich mit, dass Ihre Zeit gerade knapp ist oder dass Sie etwas Wichtigeres zu tun haben. Das erlaubt Ihnen und anderen, Sie mehr zu akzeptieren und reduziert das Gefühl, dass andere Sie ausnutzen. Erklären Sie freundlich und höflich, dass die gefragte Aufgabe nicht Ihre Verantwortung ist und dass Sie bereits genug zu erledigen haben. Wenn Sie Nein sagen, zeigen Sie Bedeutung gegenüber Ihren Prioritäten und lassen sich nicht von anderen herumschubsen.

Verwenden Sie Verzögerungstaktiken

Wenn Sie nicht in der Lage sind, sofort Nein zu sagen, und Sie mehr Zeit brauchen, sagen Sie der betroffenen Person einfach, dass Sie später Bescheid geben. Das gibt Ihnen mehr Zeit, um über die Antwort nachzudenken. Wenn Sie der Person Bescheid geben (und es ist wichtig, dass Sie das selbstbewusst tun), geben Sie eine klare, deutliche Antwort. Sie können gut mit der Situation umgehen, ohne es den anderen immer recht zu machen.

Persönliche Grenzen sind notwendig, um sich selbst zu lieben

Persönliche Grenzen sind individuell. Daher nehmen viele Menschen an, dass wenn sie mit etwas kein Problem haben, dass auch Sie keins damit haben sollten. Diese Menschen sehen Ihre Akzeptanz als selbstverständlich an, basierend auf ihren Wertesystemen. Kreieren Sie Ihre persönlichen Grenzen und bleiben Sie Ihren Werten treu. Das ist einer der besten Wege, sich selbst Selbstliebe und Akzeptanz zu zeigen. Sie haben das Recht, zu allem, was gegen Ihre Moral spricht, Nein zu sagen, und Menschen sollten Ihre Ansichten respektieren.

Sie haben jedes Recht, alles was an Ihrer Energie zehrt oder Sie ablenkt, zu verweigern. Indem Sie bestimmte Grenzen setzen, zeigen Sie sich mehr Respekt für Ihre eigenen Bedürfnisse. Sie haben z.B. die Regel, dass Sie unter der Woche nicht Party machen gehen, damit Sie ausgeschlafen sind für die Arbeit am nächsten Tag. Ihre Freunde allerdings versuchen, Sie zu überreden, unter der Woche mit ihnen auszugehen, da ihre Prioritäten nicht darin liegen, ausgeschlafen auf der Arbeit zu erscheinen. Sie können das Angebot ausschlagen, denn Ihre Priorität liegt bei Ihrer Arbeit und Sie kennen Ihre persönlichen Grenzen.

Es funktioniert vielleicht nicht sofort

Sie finden es am Anfang vielleicht schwer, selbstbewusst Nein zu sagen. Besonders, wenn Sie sonst immer Ja sagen. Aber mit Geduld und Übung wird es Ihnen von Mal zu Mal leichter fallen. Ihr Selbstbewusstseinslevel wird in die Höhe schießen, was in höherer Selbstliebe resultiert.

Schauen Sie nicht zurück

Wenn Menschen, denen es schwerfällt, Nein zu sagen, eine selbstbe-wusstere Haltung einnehmen und Dinge verweigern, die ihnen nicht zusagen, dann überkommt sie oft ein Gefühl von Schuld. Anstatt sich schuldig zu fühlen, konzentrieren Sie sich auf die positiven Gefühle.

Fühlen Sie sich nicht weniger ausgelaugt, gestresst und belastet? Fühlen Sie sich nicht erleichtert, dass Sie mehr Zeit für produktive Aufgaben haben? Fokussieren Sie sich auf die positiven Gefühle und schieben Sie die negativen zur Seite. Anstatt über Ihre Entscheidung nachzudenken, Nein gesagt zu haben, akzeptieren Sie es und schrei-ten Sie voran.

Entfernen Sie sich von Menschen, die Sie nicht respektieren

Vermeiden Sie Menschen, die Ihnen und Ihren Prioritäten keinen Respekt zeigen, und die sie nur benutzen, um ihre eigenen Bedürf-nisse zu stillen. Diese Menschen saugen nicht nur Ihre Energie, son-dern auch an Ihrem Selbstbewusstsein. Ist Ihnen schon mal aufge-fallen, dass sich manche Leute nur bei Ihnen melden, wenn sie etwas brauchen? Die Menschen, die nie ein Nein akzeptieren können? Und schlimmer noch, die Menschen, die versuchen, Sie emotional zu ma-nipulieren. Sie brauchen diese Energiesauger nicht in Ihrem Leben.

Umgeben Sie sich stattdessen mit Menschen, die Ihre Gegenwart schätzen. Wenn Sie Menschen erlauben, Sie schlecht zu behandeln, zeigen Sie sich selbst wenig Respekt. Wenn Sie diesen Menschen ge-genüber Ihre Meinung sagen und ihnen den Weg zur Tür weisen, er-höht sich automatisch auch Ihr Selbstliebequotient.

Kapitel 7: Unvergleichlich - Gegenüberstellung mit anderen war gestern

Der Vergleich mit anderen ist mittlerweile die Norm geworden - besonders seit dem Aufkommen der Social-Networking-Sites und der erhöhten Exposition gegenüber den digitalen Medien. Wir werden ständig mit Posts und Fotos bombardiert, die uns mitteilen, wo unsere Freunde auf Urlaub sind oder was für eine wunderbare Beziehung sie führen. Menschen werden Opfer von Selbstkritik und Vergleich, wenn sie beginnen, ihr Leben basierend auf den Leben anderer zu bewerten.

Wir fallen in den Zyklus des Vergleichens. Alles von unseren Noten und der Popularität bis hin zu sozialem Status ist für jedermann aufgrund der Medien und Social-Networking-Sites einsehbar. Unsere Leistungen erscheinen oft blasser im Vergleich zu dem, was andere erreicht haben, und wir scheinen nie gut genug zu sein, wenn es darum geht, wer am meisten Geld verdient oder am besten aussieht.

Wenn wir uns mit anderen vergleichen, tun wir das oft ohne einen festen Bezugspunkt. Wir sehen uns als Versager und das verstärkt den Mangel an Selbstbewusstsein. Unsere Handlungen werden direkt von den Gefühlen der Unzulänglichkeit beeinflusst.

Wenn wir uns vom Vergleich mit anderen abwenden, handeln wir mehr aus dem vorherrschenden Gefühl der Wertschätzung und Dankbarkeit für unsere Gaben, die unser Handeln positiver, dankbarer und produktiver gestalten. Wenn Sie sich auf das konzentrieren, was Sie nicht haben, zeigen Sie wenig Vertrauen in Ihre Fähigkeiten.

Vergleiche sind Energiesauger

Vergleiche sind Energiesauger und direkt mit Symptomen von Depression und Angst verbunden. Sie senken unsere produktive Energie, indem wir den Fokus von uns auf das verlagern, was andere tun und geschafft haben. Dies führt zu einem ungesunden Zyklus, in dem wir versuchen, dasselbe wie die anderen zu erreichen. Wenn wir bewusst das Muster des Vergleichens von unserem Leben mit dem anderer brechen, bauen wir eine größere Verbindung mit uns auf und konzentrieren uns darauf, unser wahres Potential zu verwirklichen. Dies beseitigt jegliche Gefühle, wir seien Versager, und stärkt unser Selbstvertrauen und Selbstwertgefühl.

Erkennen Sie Ihre Stärken und Schwächen

Anstatt sich der populären Wahrnehmung von Perfektion oder den von der Gesellschaft definierten Normen zu unterwerfen, kann Selbstliebe praktiziert werden, indem Sie Ihre individuellen Stärken und Schwächen anerkennen. Liebe oder Akzeptanz hat nichts mit dem perfekten Körper, hoher Intelligenz oder viel Geld zu tun. Es geht darum, zu wissen, dass niemand perfekt ist und wir alle Stärken haben, die wir feiern sollten, und Schwächen, die wir akzeptieren müssen.

Jeder Mensch kämpft mit seinen eigenen Dämonen und hat Sachen, die er liebend gerne an sich ändern würde. Wir sehen oft das Gute in anderen und ignorieren unsere eigenen Gaben, nach denen sich andere sehnen würden. Haben Sie je über die einzigartigen Fähigkeiten nachgedacht, die Sie besitzen, für die andere morden würden? Wenn wir uns mit anderen vergleichen, greifen wir oft Aspekte heraus, in denen uns die anderen weit überlegen sind. Sie können noch so viele

Aspekte haben, in denen Sie der anderen Person überlegen sind, aber wir haben die Tendenz, die herauszupicken, die uns in einem weniger schmeichelhaften Licht zeigen.

Selbstliebe und Vertrauen kommen mit der Akzeptanz unserer Stärken und Schwächen. Ständig vergleichen wir uns mit anderen und egal, wie unwiderstehlich es auch erscheinen mag, der Vergleich indiziert nur ein Gefühl von Unzulänglichkeit und Negativität. Anstatt sein zu wollen wie die anderen, sollten wir uns darauf konzentrieren, unser größtes Potential zu erreichen. Manchmal sehen Sie nur die äußere Oberfläche von etwas, ohne die wahre Geschichte und den Kampf dahinter zu kennen.

Das Gleiche gilt für Sie - beschämen Sie niemanden

Genau wie Sie sich nicht durch den Vergleich mit anderen runterziehen lassen sollten, sollten Sie andere nicht durch den Vergleich mit Ihnen selbst beschämen. Eine der transparentesten Reflektionen unseres Selbstbewusstseins, Selbstwertgefühls und der Selbstliebe ist die Art, wie wir andere behandeln. Wenn wir uns glücklich und zufrieden in unserer Haut fühlen, haben wir nicht das Bedürfnis, Menschen kleinzureden oder sie runterzuziehen.

Selbstbewusste Menschen freuen sich über die Erfolge anderer, motivieren sie und versuchen, eine kollaborative statt konkurrierende Basis mit anderen Menschen zu etablieren. Wir fühlen uns weniger unsicher oder von anderen bedroht, wenn wir von unseren Fähigkeiten überzeugt sind. Menschen mit einem gesunden Selbstbewusstsein fühlen nicht die Notwendigkeit, andere runterzuziehen, um sich selber gut zu fühlen.

Suchen Sie nach Inspiration - ohne Vergleich

Sie können immer zu anderen aufsehen, wenn es um Inspiration geht - ganz ohne Vergleiche. Stellen Sie Fragen an Personen, deren Arbeit Sie bewundern. Finden Sie ihre wirklichen Geschichten und Kämpfe heraus und lernen Sie von ihrer Reise, ohne sich mit ihnen zu vergleichen. Wenn Sie sich mit anderen vergleichen, ist es hilfreich, zu wissen, welche Vergleiche eine negative Selbstwahrnehmung bewirken und welche zu positiven Transformationen führen.

Dankbarkeit zeigen

Nichts fasst das Wort Dankbarkeit besser zusammen als dieses oft zitierte Zitat: „Ich weinte, weil ich keine Schuhe hatte, bis ich einen Mann traf, der keine Füße hatte." Wir neigen dazu, unsere Energien darauf zu beschränken, uns über das zu beklagen, was uns fehlt. Dankbarkeit aber erlaubt Ihnen, dankbar für das zu sein, was Sie haben, anstatt über das traurig zu sein, was Sie noch nicht haben. Es erlaubt Ihnen, die Geschenke des Lebens zu sehen und zu schätzen und Ihre Energie darauf zu konzentrieren, was Sie haben und die anderen vielleicht nicht.

Anstatt sich wegen Dingen, die Sie erreichen wollen, inkompetent zu fühlen, versuchen Sie stattdessen ein Gefühl der Zufriedenheit und Erfüllung über die Gaben zu empfinden, die Ihnen verliehen wurden. Es erlaubt Ihnen, zu erkennen, dass Sie mit reichlich Güte gesegnet wurden und dass es noch zu mehr kommen kann. Dies hilft Ihnen, sich in einem positiven Licht zu sehen, und stärkt Selbstliebe.

Selbstvergleich

Seien Sie eine erstklassige Version von sich selbst anstatt eine zweitklassige Version von jemand anderem - haben Sie diesen Spruch nicht schon unzählige Male gehört? Streben Sie danach, stets die Superlative Ihres Selbst zu sein. Nicht nur für Sie selbst, sondern auch zur Bereicherung anderer Leben. Verpflichten Sie sich dazu, jeden Tag zu wachsen. Neue Fähigkeiten zu erlernen. Feiern Sie die kleinen Erfolge. Werden Sie nicht zum Opfer des Vergleichens mit anderen.

Ändern Sie Ihre Einstellung

Wenn Sie Unzulänglichkeit spüren, heraufgebracht durch Vergleich mit anderen, dann versuchen Sie, Ihre Einstellung zu ändern. Machen Sie einen langen Spaziergang. Gehen Sie zur lokalen Bibliothek oder besuchen Sie eine Kunstgalerie. Eine Veränderung unserer Umgebung resultiert oft in einer Veränderung unserer Gedanken und Wahrnehmung. Tun Sie etwas, das Ihre Seele bereichert, etwas, das Ihnen hilft, aus dem Zyklus der Negativität und des Vergleichens auszubrechen.

Wenn Sie sich aus einer Umgebung entfernen, die Vergleiche brütet, öffnen Sie sich selbst für mehr selbstnährende Erfahrungen. Manchmal ist alles, was wir brauchen, eine förderlichere Einstellung, um unsere Gedanken und Wahrnehmung zu verändern. Wir brauchen mehr positive Energie, um uns zu inspirieren und innerhalb unseres Potentials zu handeln. Haben wir nicht alle diesen Freund oder diesen einen Ort, den wir aufsuchen, wenn wir uns nicht gut und motivationslos fühlen?

Weniger Konkurrenz und mehr Zusammenarbeit

Im Leben geht es nicht immer darum, zu gewinnen oder zu verlieren. Wenn Sie sich von dem Gedanken befreien, dass es immer darum geht, zu gewinnen, werden Sie positiver sein und sich selbst akzeptieren. Menschen, die immer konkurrieren, erleben oft große

Enttäuschungen, weil sie ständig versuchen, ihre Erwartung an sich selbst zu übertreffen. Das kann ein massiver Selbstliebedämpfer sein.

Es gibt Menschen, die eine überwältigende Notwendigkeit verspüren, unter allen Umständen gewinnen zu müssen, was zur Beschädigung des Selbstwertgefühls führt. Wenn wir uns von den Fesseln des Sieges befreien, werden Sie merken, dass es Wichtigeres in unserem und den Leben anderer gibt, das unser Sein bereichert und zu größerer Selbstliebe führt.

Leute, die kooperativ und nicht konkurrenzfähig sind, sehen das Gute im Menschen und bilden eine positive Umgebung. Die Erfüllung eines kollaborativen Ziels wird höher angesehen als einzelne Siege oder Leistungen. Solche Menschen bauen auf Vertrauen und Selbstbewusstsein und sehen andere nicht als potentielle Bedrohungen. Sie fördern die Beiträge anderer. Ändern Sie Ihre Einstellung von Wettbewerb auf Zusammenarbeit, um größere Positivität, Vertrauen und Selbstliebe zu erleben.

Vergleiche helfen Ihnen nicht, Ihre Ziele zu erreichen

Häufig beklagen wir uns darüber, dass jemand wohlhabender, besser aussehend oder beliebter ist als Sie. Dieses Verhalten ist sehr zeitraubend und unnütz. Wenn Sie ein Leben Ihrer Zeit führen wollen, würden Sie gut daran tun, sich auf Ihre Werte und Fähigkeiten zu konzentrieren.

Machen Sie eine Selbsteinschätzung, wenn Sie Ihre Ziele wirklich erreichen wollen. Wer wollen Sie sein? Welche Art von Beziehungen wollen Sie im Idealfall führen? Welche Erfahrungen, Belohnungen und Erfolge schätzen Sie am meisten? Wie möchten Sie, dass sich andere an Sie erinnern? Was sind die Dinge, die eine hohe Bedeutung in Ihrem Leben haben?

Verwenden Sie diese individuellen Werte als Maßstab für die Erfüllung Ihrer Ziele, anstatt die Leistungen anderer als Barometer zu verwenden, um ein Gefühl der Selbstliebe zu spüren. Wenn Sie Ihre eigenen einzigartigen Werte schätzen, die eine tiefe Bedeutung für Sie haben, feiern Sie sich selbst im Gegensatz zu einer Nachbildung von jemand anderem.

Halten Sie Ihre Ziele realistisch

Nun ja, Sie wollen vielleicht der nächste Präsident werden oder die Welt erobern, aber höchst unrealistische Ziele werden nur Ihre Suche nach Selbstliebe niederschlagen. Von Menschen, die Großes erreicht haben, inspiriert zu werden, ist wunderbar, aber Sie müssen sich Ihrer Stärken, Schwächen und Umstände bewusst sein, um Ihre Ziele zu erreichen und Enttäuschungen zu vermeiden.

Beginnen Sie mit kleinen und erreichbaren Zielen, anstatt mit überwältigenden, die Sie nicht verwirklichen können. Damit können Sie das Gefühl der Erfüllung genießen und es motiviert Sie, größere Ziele anzustreben. Wenn Sie mit kleinen Zielen positive Ergebnisse erreichen, werden Sie dadurch unweigerlich angetrieben, größere Ziele zu verfolgen.

Wenn Sie zu Beginn höchst unrealistische und große Ziele anstreben, fühlen Sie sich gestresst und belastet durch die geringe Aussicht, Ihr Ziel zu erreichen, was wiederum den Zyklus der Unzulänglichkeit fortsetzen wird.

Akzeptieren Sie Dinge, die nicht geändert werden können

Sie bewundern vielleicht das heißeste Supermodel des Jahres. Sie ist schön, groß und rundum vollkommen. Allerdings ist es töricht, an sich zu mäkeln, weil man selbst nicht so groß oder schön ist. Es gibt einige Dinge, wie unsere physische Erscheinung, die außerhalb unserer Kontrolle sind. Wir können es nicht ändern. Unrealistische Vergleiche bei Dingen, über die Sie absolut keine Kontrolle haben, sind zwecklos. Es gibt nichts, was Sie dagegen tun können. Wenn überhaupt, macht es uns nur mehr miserabel.

Anstatt sich auf sogenannte Fehler zu konzentrieren, die Sie nicht über sich selbst ändern können, warum konzentrieren Sie sich nicht auf Ihre Stärken oder positiven Aspekte?

Sich selbst zu lieben bedeutet, sich nicht in Sachen hineinzusteigern, die einfach nicht geändert werden können, und sich stattdessen darauf zu konzentrieren, was in unserer Kontrolle liegt. Sind Sie übergewichtig ohne einen medizinischen Grund? Nun, die gute Nachricht ist, Sie können das mit diszipliniertem Essen und einer konsequenten Sportroutine ändern. Konzentrieren Sie sich auf das, was Sie ändern können, und arbeiten Sie daran, diese Aspekte in Angriff zu nehmen.

Verstehen Sie, dass das, was Sie als Fehler ansehen, oft eine Tugend für jemand anders sein kann? Während Sie morden würden, um Ihre Hautfarbe aufzuhellen, würde jemand anders für einen alljährlichen dunklen Teint morden. Es gibt kein universelles Gut oder Schlecht. Wenn wir Vergleiche ziehen, vergessen wir, Dinge subjektiv zu betrachten. Sogar Ihre sogenannten Mängel tragen zu Ihrer Einzigartigkeit bei. Sie machen Sie besonders.

Akzeptieren Sie Komplimente mit Anmut

Wie oft haben Sie jemandem ein Kompliment gemacht, nur um von der Person zu hören, dass sie nicht so gut wie xx oder yy ist? Nervt es Sie nicht auch, wenn die Menschen so selbstkritisch sind? Wenn Ihnen jemand ein aufrichtiges Kompliment gibt, nehmen Sie es herzlich an, anstatt es beiseite zu bürsten.

Das nächste Mal, wenn Ihnen jemand ein Kompliment macht, vermeiden Sie es, das Kompliment zu beurteilen oder zu bewerten oder sogar etwas Selbstkritisches über sich zu sagen. Wenn jemand sagt, dass Sie fabelhaft sind, glauben Sie der Person, dass Sie fabelhaft sind.

Schmälern Sie sich nicht selbst oder verzichten auf das Kompliment, nur weil Ihnen der Gedanke, fabelhaft zu sein, unbehaglich ist. Nehmen Sie das Kompliment anmutig an und stehen Sie zu sich selbst. Das hilft Ihnen, sich noch mehr zu schätzen, zu respektieren und zu lieben.

Bauen Sie ein positives und anspornendes Netzwerk

Erstellen Sie ein ermutigendes und positives Unterstützungsnetzwerk mit Menschen, die Sie motivieren, Ihr vollstes Potential auszuleben, anstatt mit denen, die Sie runterziehen, indem sie sich ständig mit Ihnen und anderen vergleichen. Unfaire Vergleiche durch andere können ein großer Schlag für Ihr Selbstvertrauen und die Selbstliebe sein.

Wir haben alle sogenannte Wohltäter, die immer „gut gemeinte" Ratschläge verteilen, die aber immer den gegenteiligen Effekt haben. Sie wollen nicht immer gesagt bekommen, was Sie hätten tun sollen anstatt dem, was Sie tatsächlich getan haben.

Die Energie der Menschen, mit denen Sie ständig interagieren, ist ansteckend. Bewusst oder unbewusst beginnen Sie, so wie Ihr Gegenüber zu denken, fühlen und sich zu verhalten. Wenn Sie mit einer positiven Gruppe von Menschen interagieren, wird Ihre Denkweise in die positive Spur umgeleitet. Sie beginnen, an Möglichkeiten zu denken statt an Hindernisse. Sie werden mächtigen und inspirierenden Ideen vorgestellt.

Oft sind die Menschen, die versuchen, Sie zu entmutigen, diejenigen, die unter einem geringen Selbstwertgefühl und Mangel an Vertrauen an sich selbst leiden. Sie glauben nicht, dass sie etwas erreichen können, und denken daher, dass das auch für Sie unmöglich ist. Wenn die Menschen sich nicht selbst in der Lage sehen, ein Ziel zu erreichen, werden sie ihr Bestes tun, um andere Menschen daran zu hindern, ihre Ziele zu verfolgen. Lassen Sie Ihre Handlungen nicht durch ihre Negativität geführt werden.

Beschränken Sie Ihre Interaktion mit solchen Leuten auf ein Minimum und umgeben Sie sich mit selbstbewussten, unterstützenden und positiven Menschen, die Sie zielorientiert fördern.

Kapitel 8: Positives Denken und Selbstgespräche

Wir reden mit uns selbst mehr, als wir mit anderen sprechen, auch wenn es erst mal nicht sehr offensichtlich scheint. Es gibt immer einiges an innerem Geschwätz und Konversation in unserem Geist - so wie die unterhaltsamen Gedankenblasen in Comics. Dies geschieht so unbewusst, dass wir es meistens gar nicht merken, dass wir tatsächlich mit uns selbst sprechen. Einer der negativsten Aspekte dieser Selbstgespräche ist, dass sie eher dazu neigen, mehr auf die negative Selbstkritik als auf Positives zu verweisen.

Wir denken z.B. auf Partys darüber nach, ob unsere Kleidung oder unser Aussehen zu den anderen gut gekleideten Gästen passt oder dass wir nicht so beliebt sind wie unser bester Freund in der Schule oder nie eine Aufgabe so gut wie unser Kollege abschließen können. Diese negativen Gedanken und das selbstkritische Selbstgespräch ziehen unseren Geist oft runter und verhindern, dass wir uns auf unsere positiven Aspekte konzentrieren.

Die innere Stimme hat eine riesige Bedeutung, wer Sie sein werden, und die Art und Weise, wie Sie Ihr Leben leben. Obwohl wir es nicht bewusst wahrnehmen, hebt das positive Selbstgespräch unseren Geist sofort an, stärkt das Vertrauen und hält uns körperlich und emotional fit.

Negative Selbstgespräche entwickeln ein Muster

Wenn sich unser geistiges Geschwätz um Beschwerden, Kritik, Jammern und die Angst dreht, nicht gut genug zu sein, wird ein schädliches Muster geschaffen. Die negativen Gedanken erreichen unser Unterbewusstsein und beginnen, uns zu beeinflussen, um mit mehr Stress, Schuldgefühlen und Schmerzen umzugehen. Das behindert natürlich unsere Suche nach Selbstliebe und Selbstwertgefühl. Unsere Handlungen sind eng mit unseren Gedanken verbunden, und ein negatives Selbstgespräch beeinträchtigt uns nur dabei, unsere Ziele zu erreichen und ein erfülltes Leben zu leben.

Positive Selbstgespräche transformieren die Weise, wie Sie sich selbst wahrnehmen

Wenn Sie sich ständig von den positiven Aspekten Ihres Ichs erzählen oder wie wunderbar Sie sind, werden Sie Ihre Ansichtsweise verändern. Ihre Selbstwahrnehmung kann eine dramatische Veränderung erfahren, wenn Sie über sich selbst positiv denken und sich dem positiven Selbstgespräch hingeben. Die negativen Elemente in Ihrem Leben werden allmählich abnehmen. Positives Selbstgespräch kann Sie dazu befähigen, Ihr Leben zu verändern, und Ihnen ermöglichen, größere Selbstliebe zu erfahren.

Beginnen Sie damit, Ihrer eigenen Stimme zuzuhören

Sobald Sie anfangen, bewusst zu beachten, was Sie sich selber erzählen, können Sie Ihre Gedanken und Selbstgesprächsmuster identifizieren. Wenn Sie sich immer mit anderen vergleichen oder darüber reden, nicht gut genug zu sein oder nie etwas zu tun, ist es an der Zeit, den Ton Ihrer inneren Stimme bewusst zu verbessern. Eine der besten Möglichkeiten, dies zu tun, ist, sich täglich eine Auszeit zu nehmen, um Ihre vorherrschenden Gedanken zu hören und sie aufzuschreiben.

Ändern Sie **Ihr Selbstgespräch**

Negative Selbstgespräche durch positive zu ersetzen ist nicht allzu schwierig, sobald Sie in die Gewohnheit kommen, Ihre Gedanken zu kontrollieren. Zum Beispiel jedes Mal, wenn Sie denken, dass Sie nie in der Lage sein werden, eine bestimmte Aufgabe zu meistern, dann ändern Sie Ihren Gedankenfokus und überlegen stattdessen, was Sie tun können, um die Aufgabe zu erfüllen. Vermeiden Sie negative und definitive Wörter. Suchen Sie nach Lösungen, die offen sind und Ihnen helfen, eine positive Torsion zu einer scheinbar unmöglichen Situation hinzuzufügen. Sie werden überrascht sein, was Sie mit dieser einfachen Gewohnheit erreichen können.

Das häufigste negative Selbstgespräch ist, wenn Sie sich sagen, dass Sie etwas nicht können. Wenn Sie denken, dass Sie etwas nicht können oder etwas unmöglich ist, kreieren Sie eine geistige Blockade, die Sie von der Erfüllung der Aufgabe, die Sie sonst erfolgreich meistern könnten, abhält. Konzentrieren Sie sich in Ihren Selbstgesprächen auf Optionen, Lösungen und Möglichkeiten.

Positive Affirmationen

Affirmationen sind positive Aussagen, die Sie wiederholen, um ein gewünschtes Ergebnis zu erzielen. Sie sind in der Regel kurz, konzentriert und praktisch. Wenn Sie diese Anweisungen mehrmals wiederholen, kreieren Sie einen Pfad zu Ihrem Unterbewusstsein. Dies eröffnet wiederum die Möglichkeit, neue Gedanken und Handlungen auszuleben, die von diesen Gedanken geleitet werden.

Einer der wichtigsten Aspekte von positiven Affirmationen ist, dass sie laut ausgesprochen mit den richtigen Gefühlen verinnerlicht werden müssen. Sie können es nicht einfach in einem toten Ton ablesen, ohne es zu fühlen. Wenn Sie Ihre Affirmationen mit vollkommenem Glauben aufsagen, dann werden diese direkt an unser Unterbewusstsein weitergeleitet. Unser Geist wird von den positiven Affirmationen geführt und erlaubt uns daher, mit ihnen im Einklang zu arbeiten.

Wenn Sie den Prozess der positiven Affirmationen beginnen, sind Sie wahrscheinlich erst mal skeptisch. Sobald Sie sich jedoch daran gewöhnen, Ihre Affirmationen jeden Tag laut zu wiederholen, wandelt sich die Negativität in Glauben an sich selbst um.

Entfernen Sie negative Einflüsse um Sie herum

Manchmal zwingen uns die Einflüsse um uns herum, unsere Gedanken auf eine bestimmte Weise zu lenken. Wenn es zu viele negative Einflüsse in Ihrem Leben gibt, neigen Ihre Gedanken dazu, giftiger und erniedrigend zu sein. Bewusst oder unbewusst beginnen wir, wie die Menschen um uns herum zu denken. Wir beginnen, ihre gefährlich negativen Muster anzunehmen. Das können Ihre Familienmitglieder oder enge Freunde oder Kollegen sein.

Sobald Sie die negativen Einflüsse identifizieren, begrenzen Sie den Kontakt mit den giftigen Personen. Vermeiden Sie es, Ihre Träume oder Pläne und Ziele mit Menschen zu teilen, die immer unsicher sind und Ihre Ziele kritisieren. Umgeben Sie sich stattdessen mit Menschen, die Ihnen mit ihrer Positivität Flügel verleihen. Sie werden die Vorboten von positiven Gedanken und Handlungen in Ihrem Leben sein, was wiederum die Art und Weise beeinflusst, wie Sie über sich selbst denken und fühlen.

Sprechen Sie in der Gegenwart

Erstellen Sie Ihre Nachricht im Präsens, um sich von der Angst zu befreien, was in der Zukunft passieren wird. Das liegt nicht in Ihrer

Kontrolle. Allerdings haben Sie die Kontrolle über Ihre derzeitigen Handlungen und sich darauf zu konzentrieren, wird es Ihnen ermöglichen, sich weniger überwältigt und positiver zu fühlen. Konzentrieren Sie sich auf Aktionen und Schritte, die Sie heute treffen können, um die Zukunft Ihrer Träume zu bauen.

Ändern Sie Gedanken von dem „was, wenn ich meine Ziele in der Zukunft nicht erreichen kann?" zu „was kann ich heute tun, das mir helfen wird, meine Träume in der Zukunft zu verwirklichen?" oder „was macht es mir leichter, meine Träume zu verwirklichen?". Ihre gegenwärtigen Gedanken und Handlungen bestimmen Ihre zukünftigen Träume. So ändern Sie langsam Ihre Gedanken von stressig und ängstlich zu kontrolliert, positiv und überschaubar.

Der Spiegel ist Ihr bester Freund

Wenn Sie die Wirkung Ihrer positiven Selbstgespräche und Affirmationen noch weiter erhöhen wollen, stellen Sie sich vor den Spiegel, wenn Sie es sagen. Top Selbstentwicklungs-Coaches haben Studien entwickelt, die beweisen, dass der Prozess der Verinnerlichung einfacher wird, wenn wir uns selber sehen, während wir die positiven Affirmationen wiederholen. Wir fühlen uns stärker mit uns verbunden, wenn wir unsere Äußerungen, Gesten, Augen und die gesamte Körpersprache betrachten.

Sie wissen genau, wie Sie sich fühlen und was los ist in Ihrem Körper, wenn Sie stark und positiv über etwas denken. Der Prozess der Internalisierung dieser Gefühle ist schneller und effektiver, wenn Sie tatsächlich sehen, was Sie tun. Jedes kleine Detail, wie das Betrachten des Mundes, der sich mit positiven Tonschwingungen bewegt, um sich Ihren positiven Ausdrücken anzupassen, kann eine bereichernde Selbstliebeserfahrung sein.

Ihre beste Cheerleaderin sind Sie selbst

Selbst wenn die anderen um Sie herum Ihren Fähigkeiten weder ermutigend noch zweifelhaft gegenüberstehen, denken Sie daran, dass niemand Sie so gut kennt wie Sie selbst und Sie damit am besten geeignet sind, Ihre Cheerleaderin zu sein. Wenn Sie sich auf eine anspruchsvolle Situation vorbereiten, gönnen Sie sich ein wenig Selbst-Pep-Talk. Sagen Sie sich, dass keine Situation größer ist als Ihre Fähigkeit, die Situation zu meistern. Drücken Sie implizites Vertrauen in Ihre Fähigkeiten durch Ihre Worte, Gedanken und Handlungen aus.

Beschränken Sie sich nicht nur auf scheinbar große Aufgaben und Leistungen. Klopfen Sie sich für jede kleine Leistung selbst auf den Rücken, denn diese wiederum erhöhen Ihr Vertrauen und ermöglicht Ihnen, größere Ziele in Angriff zu nehmen. Sagen Sie sich, dass Sie Ihr Bestes gegeben haben, auch wenn Sie nicht Ihre eigenen Erwartungen übertreffen.

Loben Sie sich jedes Mal, wenn Sie etwas geschafft haben, so klein es auch scheint. Zum Beispiel haben Sie ein Projekt vor der Frist eingereicht oder sind akkurat mit einem wütenden Kunden umgegangen. Diese scheinbar winzigen Dinge addieren sich zu unserer Selbstwahrnehmung und verwandeln sich unweigerlich in größere Selbstliebe. Eine weitere wunderbare Sache, die Sie tun können, ist, sich spürbar (mit Ihrem Lieblingseis, Schokolade, einem Buch oder Kaffee) für jede Leistung zu belohnen. Dadurch können unsere Selbstgenehmigungsgedanken direkt mit konkreten Vorteilen verknüpft werden, die Wunder für unser Selbstwertgefühl und die Selbstliebe wirken.

Lieben Sie sich bedingungslos

Lassen Sie uns die universelle Tatsache, dass wir alle Fehler machen, akzeptieren. Das heißt aber nicht, dass wir mit der Schuld, dem Schmerz und der Last unserer vergangenen Fehler leben müssen und unsere Gedanken darauf konzentrieren sollten. Wir sollten uns bemühen, uns stetig zu verbessern; aber unsere Selbstliebe sollte nicht mit einer Liste von Voraussetzungen kommen, die erfüllt werden müssen, um uns selbst zu lieben. Es ist wichtig, sich selbst für die Liebe zu lieben. Nur dann können Sie die Person werden, die Sie sein wollen. Fokussieren Sie Ihr Selbstgespräch auf Ihre Einzigartigkeit, die feineren Aspekte Ihrer Persönlichkeit, die Charaktereigenschaften, wegen derer Sie sich selbst bewundern und alles, was Sie als Person ausmacht.

Je mehr Selbstliebe und Selbstgenehmigung Sie erleben, desto mehr bereichert wird sich Ihr Leben anfühlen. Machen Sie positives Selbstgespräch zu Ihrer zweiten Natur.

Sehen Sie das Gesamtbild

Manchmal sind die Menschen so auf die kleinsten Probleme fixiert, dass sie vergessen, ihre Energien auf das größere Bild zu lenken. Lassen Sie Ihre positiven Selbstgespräche das Gesamtbild Ihres Lebens zeichnen, anstatt sich von den temporären negativen Fesseln blockieren zu lassen. Stresst es Sie, in einem Stau zu stehen, über den Sie absolut keine Kontrolle haben? Wie sieht's mit einem Jobverlust aus? Wäre es wirklich das Ende der Welt?

Vorübergehende Rückschläge lenken Sie vom größeren Bild ab, indem Sie Ihre Energien auf die aktuelle Negativität fokussieren und sich nicht positiv auf die Zukunft konzentrieren. Wenn Sie Ihre Augen fest auf die Zukunft gerichtet haben, führen Sie keine negativen

Selbstgespräche über die Gegenwart. Zum Beispiel kann eine Person, die regelmäßig positive Selbstgespräche führt, den Verlust ihrer Arbeitsstelle engagiert als einen verkleideten Segen sehen. Sie sehen es vielleicht als eine Chance für neue Möglichkeiten.

Zeigen Sie sich etwas Mitgefühl

Wie behandeln Sie einen Freund, der eine stressige Zeit in seinem Leben durchmacht? Mahnen und kritisieren Sie ihn oder behandeln Sie ihn mit Güte und versichern ihm, dass es bald wieder gut sein wird? Warum ist es so schwierig, sich ähnliches Mitgefühl zu zeigen? Was sagen Sie zu einem geliebten Menschen, der in einer schwierigen Situation steckt? Zeigen Sie sich die gleiche Liebe. Beim Selbstwertgefühl aufbauen und sich selbst zu lieben geht es um die Stärkung Ihres Glaubens an sich. Wenn Sie freundlich mit sich selbst umgehen, geben Sie sich selbst das Vertrauen, über die Situation hinwegzukommen. Sie geben sich die mentale Kraft, die Situation zu überwinden.

Positive Selbstkritik

Das Ziel der Selbstkritik ist nicht, sich niederzumachen, indem Sie Ihre Schwächen betonen, sondern sich voll und ganz Ihrer Stärken und Schwächen bewusst zu sein. Wenn wir eine Bestandsaufnahme Ihrer Grenzen und Tugenden machen, gewinnen wir ein größeres Bewusstsein für uns. Positive Selbstkritik hilft uns, unsere Grenzen zu akzeptieren und um sie herum zu arbeiten, indem wir unsere positiven Seiten hervorheben.

Selbstkritik muss nicht immer sein, wie schlecht Sie die Aufgabe durchgeführt haben oder dass Sie nie so gut wie die anderen sind. Es geht darum, tiefere Einblicke in sich selbst zu gewinnen und die positiven Aspekte zu bestimmen, die Ihnen helfen, das Leben Ihrer

Träume zu leben und die Selbstliebe zu erleichtern. Bei der Selbstkritik geht es um das Formen Ihrer Persönlichkeit in einer Weise, die das Erreichen Ihrer Ziele erleichtert. Es bedeutet auch, an jenen Aspekten zu arbeiten, die Ihre Zielerfüllung behindern können.

Wann immer Sie ein selbstkritisches Gespräch mit sich selbst halten, halten Sie es ausgewogen und positiv. Denken Sie darüber nach, wie Sie an Ihren Schwächen arbeiten können und ersetzen Sie sie mit Ihren positiven Seiten, anstatt ständig darüber nachzudenken, wie schlecht Sie sind. Alles, was Sie brauchen, ist eine Verschiebung von Worten und Wahrnehmung. Wenn Sie die Betonung von „ich bin nicht gut genug, um dies zu tun" zu „wie kann ich meine positiven Aspekte verwenden, um dies zu erreichen" schieben, kann es zu einer Änderung kommen, die Ihnen hilft, sich der Aufgabe zu nähern.

Seien Sie keine Heulsuse

So einfach es ist, ständig zu klagen und über Dinge zu jammern, so schädlich kann es für unseren Selbstliebeprozess sein. Verstehen Sie, dass jeder seine Grenzen und Probleme hat, die mit Geduld und Positivität angepackt werden müssen.

Fallen Sie nicht in die Opferfalle, in der Sie auf alles reagieren, was in Ihrem Leben passiert. Auf diese Weise haben Sie wenig Kontrolle über Ihr Leben und fühlen sich eher erledigt. Seien Sie proaktiv im Umgang mit einer schwierigen Situation, indem Sie sich selbst sagen, wie Sie das Problem überwinden können. Dies kann Ihr Vertrauen steigern und Sie sich selbst lieben lassen, sogar nach einer schmerzhaften Phase. Der Opferkomplex, bei dem wir alles von unserer Kindheit bis hin zu unserem Umfeld und unser Schicksal beschuldigen, lässt ein Gefühl von Hilflosigkeit in uns entstehen. Wir fühlen uns nicht in der Kontrolle über das, was mit uns geschieht, und das wiederum schädigt unser Selbstwertgefühl. Auf der anderen Seite kann uns die Zueigenmachung unseres Handelns und die Kontrolle über unsere Reaktionen auf bestimmte Situationen im Leben zu einer stärkeren und selbstliebenden Person machen.

Kapitel 9: Durch Selbstvergebung zur Selbstliebe

Selbstvergebung ist gleichbedeutend damit, sich wieder zu lieben. Wenn Sie sich von dem Zyklus des Bedauerns und der Schuld befreien, fangen Sie an, sich bedingungslos zu lieben. Vergebung ist grundlegend für unsere physische und psychologische Heilung.

Wenn wir unser Handeln vergeben, ebnen wir den Weg für eine vollständige Selbstakzeptanz, die uns dazu bringt, uns für alles zu lieben, was wir sind. Das ist wichtig für unser gesamtes Wohlbefinden. Wie oft haben Sie mit Schuldgefühlen, Bedauern, Sorgen und anderen negativen Emotionen gekämpft, wegen Dingen, von denen Sie glauben, dass sie nicht passieren hätten dürfen? Viel zu viele, um sie zu zählen, nicht wahr? Manchmal sind wir so hart zu uns, dass wir nicht daran glauben, uns selbst vergeben zu dürfen. Das bedeutet, dass sich eine gewisse Selbstverachtung oder Selbsthass ausbreitet, der uns daran hindert, unser Unrecht zu akzeptieren und weiterzumachen. Der Selbsthass manifestiert sich in unseren Beziehungen.

Wenn wir Selbsthass zeigen, reflektiert es, wie wir anderen erlauben, uns zu behandeln. Es gibt ein giftiges Muster, das uns glauben lässt, dass wir die guten Dinge im Leben nicht verdienen. Indem wir uns schlecht von anderen behandeln lassen, zeigen wir uns selbst wenig Respekt. Das führt dazu, dass wir alle Türen zu einem Leben voller Glück und Liebe schließen.

Verzeihen Sie vergangene Fehler

Verzeihen Sie Fehler der Vergangenheit und lernen Sie stattdessen aus ihnen. Das ist der Schlüssel zur Selbstvergebung. Während Sie aus diesen Fehlern lernen sollten, ist es sinnlos, sich für den Rest Ihres Lebens dafür zu bestrafen. Kopf hoch und weiter. Lassen Sie sich nicht von den enormen Gefühlen aus Wut, Reue, Scham und Schuld verzehren. Fokussieren Sie sich darauf, wie Sie vorankommen können, um das Leben Ihrer Träume zu leben. Was kann in Ihrer Gegenwart getan werden, das Ihnen hilft, eine lohnende und erfüllende Zukunft zu kreieren?

Sagen Sie sich, dass die Vergangenheit abgeschlossen ist und nichts getan werden kann, um es jetzt zu ändern. Daher ist es sinnlos, darüber zu sinnieren. Wenn Sie etwas nicht ändern können, ist es besser, sich auf Dinge zu konzentrieren, die innerhalb Ihrer Kontrolle liegen. Geben Sie Ihrer Zukunft eine reale Chance, indem Sie die Gegenwart nicht durch vergangene Handlungen oder Ereignisse belasten.

Verzeihen Sie Menschen

Manchmal sind wir so überwältigt von unserer Vergangenheit, dass wir uns von Menschen abwenden und diesen Groll ein Leben lang in uns haben. Sobald Sie lernen, anderen zu vergeben und die belasteten Gefühle loszulassen, wird die Selbstvergebung leichter. Sie befreien sich von überwältigenden Gefühlen der Schuld und Scham, die den Prozess für die Vergebung und Annahme Ihrer selbst weniger anspruchsvoll macht.

Wenn Sie sich Menschen gegenüber öffnen, agieren Sie von einem Ort der Liebe, der Heilung und des Glaubens. Sie erneuern Ihr Vertrauen in die Vergebung und behandeln andere und sich mit Mitgefühl, Unterstützung und Empathie. Das erleichtert die Selbstvergebung.

Wenn wir Groll gegen die Menschen hegen, die uns Unrecht getan haben, sind wir gefangen im Geist des Hasses. Dies verhindert, dass wir akzeptieren, was passiert ist, und erschwert es, nach vorne zu schauen. Es hält uns davon ab, die Situation zu überwinden und uns wieder zu lieben.

Geben Sie sich nicht für alles die Schuld

Oftmals lässt unser geringes Selbstwertgefühl uns selber die Schuld für alles geben, was in unserem Leben passiert. Sie können ein Opfer von körperlichem Missbrauch sein und tatsächlich glauben, dass Sie es verdienen oder dass Ihre Handlungen der Auslöser waren. Eine Person, die sich selber kaum liebt, kann sich selbst für den Ehebruch ihres Partners verantwortlich halten.

Opfer von sexuellen Verbrechen leben ständig mit Scham, Wut und Schuld gegenüber sich selbst. Oft halten sie sich für selbst für das Verbrechen verantwortlich. Dies kann in hohem Maß kontraproduktiv für das Streben sein, sich wieder selbst zu lieben.

Besetzt zu sein von Gefühlen der Minderwertigkeit und der irrationalen Schuld wird Ihr Selbstwertgefühl erniedrigen und Sie daran hindern, sich selbst zu lieben. Sagen Sie sich, dass es nicht Ihre Schuld ist, dass Sie das Opfer eines unglücklichen Ereignisses waren. Konzentrieren Sie sich auf die positiven Gefühle der Überwindung Ihrer Situation und darauf, anderen in einer ähnlichen Situation zu helfen.

Menschen, die mit einem niedrigen Selbstwertgefühl und Selbstvertrauen kämpfen, werden oft zu Opfern des Selbstschuldspiels. Sie haben eine Tendenz dazu, sich von Menschen schlecht behandeln zu lassen, und geben sich selbst die Schuld dafür. Befreien Sie sich von dieser Tendenz, wenn Sie sich wirklich lieben wollen.

Reden Sie mit einem Profi

Es kann sein, dass der Prozess der Selbstheilung nicht so einfach ist, wie es klingt, vor allem, wenn Sie eine sehr traumatische Phase durchlebt haben. Wenn Sie es schwer finden, Gefühle von Bedauern, Scham und Schmerzen zu verarbeiten, sprechen Sie mit einem professionellen Berater oder Therapeuten. Diese können effektive Techniken und Selbstvergebungsprogramme wie Verhaltenstherapie, Medikamente und mehr empfehlen, um an die Wurzel des Problems zu kommen.

Der Prozess gibt Ihnen bessere Einblicke darüber, was Sie zurückhält und Ihnen dabei helfen kann, die Negativität loszulassen, um mehr Positivität in Ihrem Leben zu entfalten. Professionelle Therapeuten können Ihnen helfen, die Situation mit größerer Objektivität zu betrachten, was Sie direkt auf den Weg der Selbstvergebung bringt.

Akzeptieren Sie den Fehler und machen Sie weiter

Es ist wichtig zu akzeptieren, dass Misserfolg Sie nicht zu einer schlechten Person macht. Es bestätigt nur die Tatsache, dass Sie etwas versucht haben. Die ständige Überwindung von Gefühlen des Versagens hindert uns daran, aus dem Scheitern heraus zu wachsen und sich dem Aufbau eines neuen Lebens zu nähern. Scheitern ist sicherlich nicht das Ende der Straße. Wenn überhaupt zeigt es Ihnen, welche Wege zu vermeiden sind. Sie lernen, Dinge anders zu tun, und sind weiser und erfahrener, als Sie am Anfang waren.

Stehen Sie über vorübergehenden Rückschlägen. Wenn Sie den Fokus Ihres Lebens auf Misserfolge setzen, geben Sie sich nicht die Chance, das zu erreichen, wozu Sie fähig sind. Denken Sie darüber nach – wenn er aufgegeben hätte, nachdem er mehrere Male versagt hat, wäre Thomas Edison nicht zu einem der produktivsten Innovatoren und Erfinder der Welt geworden.

Ausfälle sind jene Sprungbretter zum Erfolg, die uns helfen, unserem größtmöglichen Potential näher zu kommen, wenn wir uns wagen, etwas zu versuchen. Machen Sie sich Ihre Misserfolge zu eigen und lernen Sie, immer weiterzumachen, indem Sie Wertschätzung für Ihren Willen und Mühe zeigen. Das ist der Weg zu einer produktiven, positiven und zielorientierten Einstellung.

Haben Sie den Mut und den Willen, von vorne anzufangen. Möglicherweise müssen Sie alles von Grund auf neu beginnen. Es wird nicht einfach sein, aber es kann sich lohnen, wenn es um die Umgestaltung Ihres Lebens geht. Sie werden allmählich lernen, die Fehler Ihrer Vergangenheit zu akzeptieren.

Kapitel 10: Verbessern Sie Ihr Eigenbild

Wie sehen Sie sich in einer Welt, die von Oberflächlichkeit und Konsumismus besessen ist? Die Medien- und Handelswelt verbreitet ständig die Idee von Perfektion in Bezug auf Aussehen, Geld, Lebensstil und Beziehungen. Wir sind immer von dem Gefühl umgeben, dass wir nicht gutaussehend oder reich genug sind, und diese Gefühle rufen Unmut auf.

Unsere Suche nach der populären Vorstellung von Perfektion zerstört oft unsere Einzigartigkeit, was wiederum verhindert, dass wir uns bedingungslos akzeptieren und lieben. Ihr Selbstbild ist, wie Sie sich sehen und wahrnehmen. Was sind Ihre ehrlichsten Meinungen über sich selbst? Sie können die Verschiebung von einem negativen Selbstbild zu einem positiven erreichen, und zwar in einer gesunden und produktiven Art und Weise, indem Sie diese einfach zu befolgenden, aber supereffektiven Tipps beachten.

Wie wir uns selbst sehen, bestimmt, wie andere uns sehen. Leute behandeln Sie stets in derselben Weise, wie Sie sich auch selbst behandeln. Wenn Sie sich gegenüber mehr Respekt zeigen, indem Sie sich selbstbewusst geben, ist es wahrscheinlicher, dass die anderen Sie mehr wertschätzen. Auf der anderen Seite werden Menschen, die sich selbst schlecht behandeln und sich gegenüber wenig Selbstrespekt zeigen, auch von anderen misshandelt.

Entwerfen Sie eine Selbstfürsorgeroutine

In unserem geschäftigen Leben und Bestreben, sich um andere zu kümmern, neigen wir oft dazu, uns selbst zu vernachlässigen oder auf eine konsistente Selbstpflegeroutine zu verzichten. Wenn die Zeit knapp ist, sparen wir zuerst an uns. Auch wenn es wie eine Herausforderung scheint, verpflichten Sie sich zu einer gesunden, regelmäßigen und ganzheitlichen Selbstfürsorgeroutine. Sie werden sich nicht nur aktiver und positiv fühlen, sondern auch Ihre Seele nähren.

Gehen Sie täglich spazieren. Genießen Sie das Leben im Freien durch positive Aktivitäten wie Radfahren oder Skaten. Machen Sie Yoga oder jede Form von körperlicher Aktivität, die Sie besonders genießen. Buchen Sie einen Termin im Kosmetikstudio für ein entspannendes Verwöhnprogramm. Diese Dinge können Wunder für Geist und Seele bewirken.

Essen Sie nahrhafte und ausgewogene Mahlzeiten

Irrationales Essen ist oft ein Spiegelbild Ihres emotionalen Geisteszustands. Manche Menschen neigen dazu, alles in sich hineinzustopfen, wenn sie unter akuten emotionalen Turbulenzen leiden, während anderen der Appetit verloren geht. Das schafft ein Muster von ungesunder Ernährung, das in Extremen wie Anorexie oder medizinischen Bedingungen, die sich aus Übergewicht ergeben, enden kann.

Zeigen Sie Ihrem Körper den Respekt, den er verdient, durch den Verzehr von nahrhaften, gesunden und ausgewogenen Mahlzeiten. Wenn Sie richtig essen, fühlen Sie sich energetischer und positiver. Vermeiden Sie Lebensmittel mit einem hohen Zuckeranteil und ungesundem Fett. Folgen Sie keinen Diäten, die Ihr Selbstwertgefühl in ein Allzeittief stürzen, wenn Sie aufgeben. Entscheiden Sie sich stattdessen dazu, Ihre Lieblingslebensmittel in kleinen Portionen zu essen, und konzentrieren Sie sich mehr auf Lebensmittel mit einem hohen Ballaststoffanteil. Sagen Sie zu künstlichen Süßstoffen und Konserven Nein.

Denken Sie daran, Süßigkeiten und Gebäck können sich erst mal nach Soul Food anfühlen, sie bieten aber null Nährstoffe und stapeln unerwünschte Kalorien. Wählen Sie Lebensmittel mit hohem Nährstoff- und niedrigem Zuckerlevel, nach deren Verzehr Ihre Energiereserven nicht abstürzen und Sie sich müde fühlen. Entscheiden Sie sich für Obst, Gemüse und mageres Fleisch, das hoch in Protein ist.

Verbessern Sie Ihre Kommunikationsfähigkeiten und Körpersprache

Wenn Sie sich selbstbewusst ausdrücken, ergänzt durch eine Ton- und Körpersprache, die Selbstbewusstsein reflektiert, fühlen Sie sich großartig. Haben Sie schon mal erlebt, wie sich Sprecher verhalten, die immer eine riesige Menge begeistern und die Leute dazu bringen, ihnen zuzuhören? Sie sprechen bejahend, mit der richtigen Intonation und Betonung. Ihre Ausdrücke, Gesten, die Haltung und der Blickkontakt zeigen Vertrauen.

Machen Sie Ihre Sprechmuster wirksamer, zwingend und durchsetzungsfähig. Pausieren Sie mit Wirkung zur richtigen Zeit. Verwenden Sie Wörter, die einen proaktiveren und weniger defensiven Ansatz reflektieren. Gestalten Sie Ihre Argumente gelassen, ausgewogen und vernünftig.

Wenn Sie lernen, vertraulicher und effektiver zu kommunizieren, beginnen die Menschen, auf Sie zu hören. Das wiederum kann Ihr Selbstbild dramatisch steigern.

Kleiden Sie sich gut und protzen Sie mit einem ordentlichen Aussehen

Ein gepflegtes Aussehen und ein gut sortierter Kleiderschrank sind integrale Bestandteile Ihrer Persönlichkeit und Ihres Selbstbilds. Menschen, die gut gekleidet und gepflegt sind, fühlen sich selbstsicherer und selbstbewusster. Es reflektiert eine organisierte, sich selbst respektierende und unübersichtliche Person.

Beachten Sie, wie sich Ihre Emotionen plötzlich einfach durch den Wechsel in sauberere, bequeme und besser passende Kleidung ändern. Ihre Kleidung und Ihr Aussehen zeigen viel über Ihre allgemeine Einstellung zum Leben. Wenn Sie ein gepflegtes und ordentlich gekleidetes Aussehen an den Tag legen, zeigen Sie Liebe und Respekt für sich selbst.

Ziehen Sie sich so an wie die Person, die Sie sein wollen, und was Sie im Leben erreichen möchten. Wenn Sie reich sein und sich so fühlen wollen, dann verkleiden Sie sich als Millionär. Es geht nicht um Eitelkeit; es geht darum, alles zu verinnerlichen, was Sie durch Ihre Kleidung und Ihr Aussehen ausdrücken wollen.

Schätzen Sie Ihre Unvollkommenheiten

Lernen Sie Ihre sogenannten Unvollkommenheiten zu akzeptieren und zu pflegen. Werfen Sie den Begriff der Vollkommenheit aus Ihrem Vokabular. Nichts ist perfekt. Perfektion existiert nicht. Feiern Sie Ihre Mängel, Unvollkommenheiten und Fehler, da sie Sie von den anderen unterscheiden.

Seien Sie kein Fabrikprodukt einer beliebten Ideologie. Befreien Sie sich von Sachen, die unwirkliche Ideen der Vollkommenheit solcher Schönheitsmagazine verstärken. Erkennen Sie, dass jede Person einzigartig und schön ist auf ihre eigene Weise, und was Ihnen vielleicht hässlich erscheinen mag, kann für jemand anders die Definition von Schönheit sein.

Lassen Sie sich nicht Ihre Wahrnehmung von sich selbst durch Airbrushbilder der Schönheit bestimmen. Sie sind mehr als nur Ihre physischen Eigenschaften.

Setzen Sie sich Ziele und verwirklichen Sie sie

Wenn Sie sich Ziele setzen und diese eins nach dem anderen verwirklichen, breitet sich ein wunderbares Gefühl der Erfüllung in Ihnen aus. Handeln ist hier der Schlüssel. Es kann alles von der zeitigen Fertigstellung eines Projekts sein bis zum Enden einer toxischen Beziehung. Sobald Sie Dinge verwirklichen, die Sie schon viel zu lang auf der Reservebank sitzen haben lassen, spüren Sie eine große Welle von Selbstbewusstsein.

Verzögerung zerstört Ihr Selbstwertgefühl, indem Sie sich weniger produktiv und positiv fühlen. Ihre Energie und das Vertrauen werden erschüttert, wenn sich eine Reihe von anstehenden Aufgaben anhäuft, die darauf warten, abgeschlossen zu werden. Übernehmen Sie Verantwortung für Ihr Leben, setzen Sie Ziele und streichen Sie sie von Ihrer To-Do Liste, indem Sie heute handeln.

Praktizieren Sie Liebesrituale

Nehmen Sie sich etwas Zeit vom Tag, um ein tägliches Liebesritual zu praktizieren. Schalten Sie den Fernseher und Ihr Telefon aus und zentrieren Sie all Ihre Energie auf das Liebesritual. Es kann alles von einem erfrischenden Schaumbad bis hin zu einem kleinen Gebet sein oder eine sanfte Massage. Führen Sie das Ritual mit voller Achtsamkeit aus.

Danken Sie Ihren Füßen, dass sie Sie überall hintragen, und Ihren Händen, die Sie arbeiten lassen. Wenn Sie sich mit Dankbarkeit duschen, fühlen Sie sich wirklich gesegnet und schätzen diese Gaben bewusster. Dies kann ein großer Selbstbildbooster sein.

Der Fokus ändert sich von dem, was Sie denken, dass es fehlt, zu dem, für das Sie dankbar sind. Sie hören auf, über Dinge zu murren, die Sie ändern möchten, und zelebrieren stattdessen das Leben, das Ihnen verliehen wurde. Diese Übung hilft Ihnen, Ihre Segen nicht als selbstverständlich anzusehen, sondern dankbar für alles zu sein, was Sie haben.

Machen Sie einen psychometrischen Test

Psychometrische Tests können bei der Bestimmung Ihrer Stärken und Schwächen helfen. Sie beruhen auf soliden psychologischen Prinzipien, die verschiedene Facetten Ihrer einzigartigen Persönlichkeit aufdecken. Diese Selbstdaten können als ein brillanter Bezugspunkt für das Wissen selbst dienen, das den Prozess der Selbstakzeptanz mühelos macht.

Der beste Teil bei diesen Tests ist, dass es keine genauen oder ungenauen Antworten gibt. Alles ist subjektiv. Genau wie Ihre Persönlichkeit. Sie wissen, dass es kein Ideal gibt. Jede Persönlichkeit ist einzigartig und besitzt ihre eigenen Stärken und Schwächen. Die Fragen, die in diesen Tests gestellt werden, lassen Sie tiefer in Ihr inneres Selbst eindringen, um mehr Verständnis und Annahme zu erhalten darüber, wer Sie sind, ohne selbst zu urteilen.

Abschluss

Ich hoffe aufrichtig, dass Ihnen dieses Buch geholfen hat, zu erkennen, wie wunderbar Sie wirklich sind, und dass Sie gelernt haben, sich wieder zu lieben. Ich hoffe auch, dass Sie viele Weisheiten, handliche

Hinweise und Tipps mitnehmen konnten.

Verstehen Sie, dass das Streben nach Selbstliebe kein Übernachtungsprozess ist. Es wird bewusste, konsequente und engagierte Anstrengung benötigen, um Ihre Mentalität von Selbstkritik auf Selbstakzeptanz zu verlagern. Allerdings werden Sie allmählich Zeuge von leistungsstarken Ergebnissen. Sie werden sich in ein glückliches, positives und selbstliebendes Individuum verwandeln.

Der nächste Schritt ist, auf die wertvollen und getesteten Informationen, die Sie am Bildschirm haben, sofort zu agieren. Informationen ohne konkrete Maßnahmen sind sinnlos. Stehen Sie auf und beginnen Sie Ihre Reise, um sich selbst zu lieben. Nur wenn Sie diese bewährten Techniken umsetzen, werden Sie erkennen, wie mächtig und effektiv sie wirklich sind.

Wenn Sie das Lesen des Buchs genossen haben, nehmen Sie sich bitte etwas Zeit, um Ihre Gedanken zu teilen, indem Sie eine Rezension hinterlassen. Es wird sehr geschätzt!

Hiermit wünsche Ich Ihnen ein lohnenderes und erfreuliches Leben voller Selbstliebe!

POSITIV DENKEN

Wie Sie Glück und Zufriedenheit erlangen. Für ein Leben mit weniger Sorgen und mehr Lebensqualität

Simone Kerber

Inhaltsverzeichnis

Einführung

Stellen sie sich ihren Lieblingscharakterdarsteller/in oder eine berühmte Person vor. Denken sie an jemanden, den Sie ehrlich bewundern oder der/die Sie inspiriert. Was macht diese Person so einzigartig? Wie unterscheidet er oder sie sich vom Rest? Ist es harte Arbeit oder einfach nur Glück? Sehr wahrscheinlich ist es die Art und Weise, wie diese Personen ihr Leben meistern. Menschen, die ein erfolgreiches Leben mit Dankbarkeit leben, sind häufig optimistischer als andere.

Diese Art Mensch hat eine positiv gestimmte Denkweise und sind höchst produktiv, weil sie ihre Energie konstruktiv einsetzen. Diese Menschen können Misserfolge überwinden und trotz dieser Misserfolge eine sehr erfolgreiche Zukunft aufbauen. Sie sind die Führungspersönlichkeiten, Visionäre und Wegweiser von Morgen. Und wissen Sie was? Sie besitzen diese Fähigkeiten auch, denn positives Denken tragen Sie sozusagen in sich. Sie müssen es nur aktivieren, damit es anspringt. Das Einschalten liegt nicht in anderen Händen, sondern allein in Ihren. Wenn Sie erst einmal verstanden haben, wie einfach und kraftvoll positives Denken sein kann, werden Sie auch schnell feststellen, dass Sie immer seltener in das alte Muster mit unnützen oder negativen Gedanken zurückfallen.

Negative Gedanken sind absolute Hindernisse und es ist schwer diese zu überwinden. Natürlich ist es nicht immer einfach von negativen in positive Gedanken zu wechseln. Trotzdem ist es die Mühe wert, wenn Sie verhindern wollen weiterhin einen Weg mit unnötigem Schmerz und sinnloser Angst zu gehen. Der Wechsel von negativen zu positiven Gedanken geschieht nicht von heute auf morgen. Es ist ein schrittweiser Prozess, der Zeit, Disziplin und ständige Anstrengungen benötigt, um bewusst positiv und zuversichtlich zu denken, sobald unsere Gedanken wieder von Angst und Unsicherheit gelenkt werden.

Es gibt eine Menge Beispiele aus medizinischer Sicht, dass selbst die beste Behandlung, Medizin und Gesundheitspflege nicht genügen für eine komplette Gesundung. In diesen Fällen hilft nur positives Denken. Es wandelt den hilflosen Geist des Patienten um in absolute Kontrolle über den Geist. Von Verzweiflung hin zu Hoffnung und von Krankheit zu Heilung.

Selbst ein stark spirituell entwickelter Geist ist nicht vor negativen Gedanken geweiht. So liegt es in unserer Natur Ängste, Befürchtungen, Schmerz und Zweifel in unserem Kopf wieder und wieder durch zu spielen und diese zu zulassen. Es ist normal, in bestimmten Situationen Angst zu versagen, zu haben. Beispielweise die Präsentation vor Kollegen und dem Chef. Der ansteigende Stresslevel vor einem wichtigen Jobinterview ist auch völlig normal, da man das zukünftige Gehalt zum Überleben im Kopf hat. Jedoch saugen negative Gedanken all die wichtige Energie auf und hält Sie davon ab in der Gegenwart zu leben. Was passiert, wenn ein Ball auf dem Boden rollt? Er kommt in Schwung und rollt schneller. Und das ist genau das, was in unserem Kopf geschieht: Ein rollender Ball voller negativer Gedanken.

Gedanken beschleunigen ihre Intensität bis sie ganz und gar unseren Geist eingenommen haben. Dann fühlen wir uns erschöpft, demotiviert und unbedeutend. Je mehr Sie sich den negativen Gedanken hingeben, desto stärker werden sie. Diese kontrollieren Sie und halten Sie davon ab, sich anderen produktiveren Aufgaben zu zuwenden.

Jetzt bedenken Sie, welche Wirkung ein einziger positiver Gedanke haben kann. Würde es nicht etwas Wundervolles hervorbringen? Das ist die Kraft ihrer Gedanken und ihres Unterbewusstseins. Sie bestimmen und lenken ihr Handeln. Je positiver, angeregter und konstruktiver ihre Gedanken sind, desto höher sind ihre Chancen auf ein positives, lohnendes und erfülltes Leben. Denn, wie heißt es so schön: „Gedanken werden zu Dingen."

Wie schafft man es nun, negative Haltungen und negative Gedanken zu überwinden? Wie kann man destruktive Gedanken und kraftraubende Energie umwandeln in konstruktiv Mentales für ein wunderbares Leben? Wie schafft man eine optimale Nutzung positiven Denkens für eine enorme Umwandlung?

Im Folgenden bekommen Sie nützliche Tipps negative Gedanken wie eine Führungsperson zu überwinden.

Dieses Buch ist gefüllt mit praktisch anwendbaren Hilfestellungen, die Sie dabei unterstützen, in eine Stimmung des positiven Denkens zu kommen. Es gibt viele Tipps, als auch bereits getestete, fachmännische Strategien, die zeigen wie sie beginnen können, die Kraft der positiven Gedanken zu bündeln und zu nutzen. Diese handfesten Schritte und präzisen Handlungsweisungen verhelfen Ihnen dabei negative Gedanken zu überwinden, damit Sie ihr Potential - ein Leben ganz nach ihren Vorstellungen zu leben – vollends ausschöpfen können.

Der Schlüssel zu positivem Denken liegt in diesem Buch.

Kapitel 1: Positiv Denken, um positives Verhalten zu lenken

Untersuchungen zeigen stetig auf, dass positives Denken mehr ist, als das Gefühl des Glücks oder Zufriedenheit. Positives Denken kann den wahren Wert aufdecken und dabei die Entwicklung von kraftvollen Kompetenzen fördern, die wertvoller sind als ein Lächeln oder euphorische Stimmungen. Wie beeinflusst positives Denken unser Handeln? Wie können wir uns die Kraft des positiven Denkens für unser Verhalten zu nutze machen?

Welche Auswirkungen hat negatives Denken auf unser Tun und Handeln?

Gedanken sind der Schlüssel

Gedanken sind der Schlüsselfaktor. Sie beeinflussen unser Verhalten – Was Sie fühlen und wie Sie sich verhalten. Zum Beispiel wenn Sie ihren Tag bereits mit den Gedanken beginnen „Das Interview heute wird sowieso daneben gehen. Ich habe das im Gefühl."

Dieses „Einreden" führt zu Stress und Nervosität und beeinflusst direkt den Verlauf des Interviews und ihre gesamte Leistungsfähigkeit. Ihre Gedanken führen zu dem Glauben, in dem Interview zu versagen. Das manifestiert sich sogleich in ihren Handlungen. Beispielsweise, in ihrer Wortwahl, wenn sie nicht klar und deutlich spreche, oder in ihrem Selbstbewusstsein.

Ihr Verhalten verstärkt Ihre Gedanken. Der Gedanke, dass Sie nicht gut genug seien, verschafft sich eine Art Eigendynamik, um Sie letztendlich zu überzeugen, nicht gut genug zu sein. Die Korrelation zwischen den Gedanken und dem Verhalten ist somit verstärkt.

Diese Voraussetzung dient dazu, verschiedene psychische Belange wie Angst, Depressionen und Stress zu heilen. Es kann im unternehmerischen Rahmen gebraucht werden, um Ihre Leistungsfähigkeit und den Teamgeist zu steigern sowie die Führungseigenschaften zu fördern.

Schadhafte Auswirkungen des negativen Denkens

Stellen Sie sich Folgendes vor: Sie laufen durch einen dichten Wald und plötzlich stellt sich ihnen ein wildes Tier in den Weg. Ihr Gehirn meldet sofort eine negative Aktion an, nämlich Angst. Studien haben belegt, dass negative Gefühle das menschliche Gehirn regelrecht programmieren, um eine bestimmte Aktion auszuführen. Zum Beispiel wenn das wilde Tier plötzlich auftaucht und Sie fliehen. Sie fokussieren sich komplett auf das Tier, die Angst in ihnen und wie Sie aus dieser Situation wieder herauskommen können.

Negative Emotionen engen die Gedanken allerdings ein. Die Gehirnzellen ignorieren jede denkbare Alternative wie beispielsweise auf den Baum zu klettern, einen Stock zu nehmen oder sich tot zu stellen. In der Wirklichkeit ist es genauso: Negative Gedanken sind Hemmnisse. Es programmiert unser Gehirn auf negative Emotionen in beschränkter Art und Weise zu reagieren, indem positive Alternativen einfach ausgeblendet bzw. abgedrängt werden.

Beispiele dafür sind Wut und andere Emotionen, die in ihrer gesteigerten Form rationales Handeln verhindern. Das gleiche passiert auch, wenn die „To-Do-Liste" zu lang ist und man zu viele Dinge auf einmal erledigen will. Wir geraten dann in eine Art paralytischen Zustand, der es beinahe unmöglich macht, einen klaren Kopf zu behalten. Wie fühlen Sie sich, wenn sie keinen Sport ausüben oder sich nicht gesund ernähren? Sie fühlen sich elend, weil sie den inneren Schweinehund nicht überwinden konnten und das wiederum führt zu Faulheit und noch weniger Willensstärke. Demnach ist es wichtig zu wissen, dass Gedanken unser Handeln gestalten und beeinflussen.

Wir führen das aus, was wir denken und was unsere Gedanken dominiert.

Wie positives Denken positives Handeln schafft

Reines positives Denken ist nicht gleichzusetzen mit ein paar Stunden des Glücksgefühls. Der größte Vorteil des positiven Denkens ist, dass Fähigkeiten und Lebensressourcen aufgebaut werden können. Barbara Fredrickson, Psychologin an der University North Carolina, hat auf dem Gebiet „Der Nutzen positiven Denkens und der Einfluss auf das Leben" bereits eine Fülle an Studien aufgestellt.

Fredrickson hat sich dabei auf die ´broaden and build ´- Theorie fokussiert. Die besagt, dass positives Denken die Sinne für andere, neue Möglichkeiten schärft und das Denken erweitert. Außerdem schafft es neue Ressourcen und Fähigkeiten für unterschiedliche Lebensbereiche. Im Kontrast dazu, ist negatives Denken nur hinderlich, denn es richtet den Blick nur auf die Bedrohung, wie in dem Beispiel mit dem wilden Tier im Wald. Der Fokus liegt dabei eben nicht auf dem Aufbau von Fähigkeiten, die wertvoll für die Zukunft wären.

Es stimmt also, wenn man sagt, dass Gedanken den Charakter formen. Sie legen fest wie sich ein Individuum in der Welt bewegt und wie sich eine Person physisch, emotional und spirituell verhält. Wir sind sozusagen eine Vereinigung von all dem, was wir denken. Jede Handlung entsteht durch Gedanken. Die innere Gedankenwelt beeinflusst direkt externe Umstände. Ein Wandel, der selbst gewollt und verursacht wird, ist oft durch die Veränderung des Gedankenmusters entstanden. Wenn zum Beispiel eine schlechte Angewohnheit aufgegeben werden soll, verhilft dazu nur eine Veränderung der eigenen Gedanken. Zu erst müssen Sie sich über die negativen Auswirkungen im Klaren sein, um die Angewohnheit aufgeben zu können.

Sehen Sie dies als wissenschaftliches Prinzip. Wie unser Gehirn unser Verhalten steuern kann. Jeder Gedanke setzt Chemisches frei. Negative Gedanken verhindern eine „Fühl-Dich-gut" Stimmung. Sie verlangsamen unser Gehirn, verdunkelt die Gehirntätigkeit und dessen Funktionen und verursacht Depressionen. Auf der anderen Seite verringert positives Denken die Menge an Cortisol (Stresshormon) und fährt dafür die Produktion von Serotonin (Glückshormon) hoch. Das verhilft unserem Gehirn zu optimaler Leistung.

Trainiere dein Gehirn, positiv zu denken

Die Handlungen, die wir durchführen, lassen verschiedene Regionen in unserem Gehirn wachsen oder schrumpfen. Je mehr wir unser Gehirn anweisen, desto mehr kann sich dessen kortikaler Raum erweitern, um neue Aufgaben bewältigen zu können. Es entwickelt starke Verbindungen innerhalb dieser Räume, die die gewünschten Verhaltensmuster und die Gedanken hervorheben, während es die anderen Verbindungen schwächt. Folglich sind wir das, was wir denken und fühlen. Egal, was wir denken oder sagen. All das spiegelt sich in unserem Verhalten wider. Was wir nach Außen hin zeigen, ist ein Resultat aus dem, was wir glauben/denken. Das bedeutet, dass wir unser Gehirn tatsächlich trainieren können, positiver zu denken.

POSITIV DENKEN

Beginnen Sie ihre Gedanken, positiv zu stimmen. Lernen Sie, auf die schönen Seiten der Dinge zu schauen. Konzentrieren Sie sich darauf, sobald negative Gedanken aufkommen. Ihr Geist wird komplett von Gedanken kontrolliert. Sie sind der Führer dieses Boots und kontrollieren die Richtung ihrer Gedanken. Ihre Gedanken sind in der Lage, ihr Leben zu gestalten. Nutzen Sie diese Gedanken vorteilhaft, um Umstände/ Events zu zeichnen und denken sie positiv. Positives Denken sollte nicht als kurzzeitige Wohlfühlphase dienen oder als Syndrom des Optimismus. Machen Sie es zu ihrer Lebensphilosophie. Beziehen Sie positives Denken in ihren Lebensstil ein, um Zeuge der Vorteile auf ein erfülltes und zufriedenes Leben, zu werden.

Kapitel 2: Dankbarkeit

Haben Sie sich jemals vorgestellt, wie das Leben wäre, ohne alle diese wundervollen Gaben, die wir heute genießen? Die Luft, die wir atmen, das Wasser, das wir trinken, die Augen mit denen wir das Schöne um uns herum wahrnehmen, die Hände, die uns das Arbeiten ermöglichen. Schon einmal ausgemalt, wie hart das Leben wäre ohne diese Wunder? Aber geben wir diesen Dingen genügend Wertschätzung? Zeigen wir ausreichend Dankbarkeit für das, was wir haben oder ärgern wir uns einfach nur ständig darüber, was wir nicht haben? Dankbarkeit ist die Stärke des positiven Denkens.

Wir neigen dazu, die positiven Dinge in unserem Leben zu ignorieren und legen den Fokus auf das Negative, was dann dazu führt, dass wir unseren Seelenzustand ruinieren. Erinnern Sie sich – Sie haben ein Dach über dem Kopf und Nahrung im Kühlschrank, was für eine große Mehrheit der Menschen auf der Welt keine Selbstverständlichkeit ist, weil sie jeden Tag dafür kämpfen müssen. Wir haben also schon eine Menge Dinge, für die wir dankbar sein müssen. Dennoch nehmen wir diese Dinge als selbstverständlich hin und fixieren das, was wir nicht besitzen.

Dankbarkeit auszudrücken ist der beste Weg, eine positive Einstellung zu verstärken.

Wenn wir unseren Fokus wegbewegen, von dem was wir vermissen, hin zu dem, was wir bereits besitzen, wirken wir positiver. Wir lenken unsere Gedanken bewusst. Hin zum Positivem. Für die Dinge, die wir haben dankbar zu sein, erlöst uns von angestauter Negativität, zu der wir neigen und an der wir festhalten. Dankbarkeit schenkt uns sofort das Gefühl von Ermunterung und Liebe. Wenn sich Liebe, Dankbarkeit und eine positive Einstellung in ihrem Verstand verankert haben, wird es fast unmöglich negative Gedanken zu zulassen.

Die Vorteile, ein Leben mit Dankbarkeit zu führen, sind grenzenlos. Menschen, die beständig dankbar sind, indem Sie die Dinge wertschätzen, können reflektieren für welche Dinge sie tatsächlich dankbar sind und erfahren demnach mehr positive Emotionen. Sie fühlen sich vitaler und lebhafter, schlafen deutlich besser, sind empathischer und können sich sogar mit einem gesunden Körper brüsten.

Für Dankbarkeit muss es keinen Anlass geben. Wir können genauso dankbar für einen Apfelkuchen sein. Den Unterschied machen die kleinen Dinge, für die wir dankbar sind.

Der Psychologe Robert Emmons hat herausgefunden, dass das Aufrechthalten von Dankbarkeit in einem Protokoll verschriftlich mit der nötigen Reflexion, zu Dankbarkeit und dazu führt, unsere Zufriedenheit und insgesamt das Wohlbefinden stetig zu steigern.

Wie können Sie nun das Dankbarkeitsgefühl entwickeln? Wie können Sie Dankbarkeit in ihr tägliches Leben integrieren? Welche einfachen, und dennoch effektiven Dinge können Sie tun, um den Zustand des Undankbaren in den Zustand der Dankbarkeit und Erkenntlichkeit zu verwandeln? Im Folgenden lesen sie wirkungsvolle Strategien für ein mit Dankbarkeit gefülltes Leben.

Schreiben Sie ein Dankbarkeitsprotokoll

Listen Sie alle Dinge, für die Sie in ihrem Leben dankbar sind, in einem Protokoll auf.

Machen Sie es sich zur Gewohnheit die besten Dinge am Ende des Tages, zu notieren. Die Dinge, die ihnen im Alltag passieren. Wahlweise können Sie auch auflisten, wofür Sie in ihrem Leben dankbar sind.

Konzentrieren Sie sich auf die Details, nicht auf die Länge der Liste. Benennen Sie diese konkret, also warum Sie dankbar sind, wie diese für ihr Leben wertvoll sind und Sie zu einem besseren Menschen machen. Details darüber wird ihnen das Positive daran verinnerlichen. Es erlaubt Ihrem Verstand, die starken Signale zu empfangen, die direkten Einfluss auf ihr Verhalten und ihre Handlungen haben.

Schreiben Sie über Menschen, für die Sie Dankbarkeit verspüren. Jenen Menschen dankbar sind, die sie inspirieren, zu ihrem Leben beitragen und ihnen helfen ein besserer Mensch zu sein. Welche Qualitäten zeichnen diese Personen aus? Was können Sie von ihnen lernen? Inwieweit inspirieren Sie diese Personen?

Warum nun sollte dieses Dankbarkeitsprotokoll auf Stichworte beschränkt sein? Es kann alles enthalten von Flugtickets zu Konzertpässen, Rechnungen und Kochrezepten. Das protokollieren von Dankbarkeit muss nicht zwingend langweilig und einfallslos sein. Es kann Spaß machen und ein stimulierender Prozess sein, der Sie in eine sehr positive Stimmung versetzt. Malen Sie Bilder, erstellen Sie eine Bildcollage, nutzen Sie Sticker, zeichnen Sie Karten – tun sie alles, was ihnen hilft wunderbar und inspiriert zu sein, wenn Sie sich alles in ihrem Protokoll ansehen.

Sehen Sie das Protokoll nicht als (Schreib)Pflicht, die erledigt werden muss. Das macht das ganze kontraproduktiv. Lieber fühlen Sie, was Sie aufschreiben. Schreiben Sie nicht, wenn Sie in Eile sind, sondern genießen Sie jedes Wort. Schreiben Sie nicht, wenn Sie das Gefühl haben, es tun zu müssen. Strengen Sie sich an, jedes Wort, das Sie schreiben, zu fühlen. Glauben Sie, was Sie schreiben. Genießen Sie, was sie schreiben. Der Prozess verinnerlicht alles und führt effektiv zu positiven Gedanken.

Vermeiden Sie, die gleichen Dinge wieder und wieder zu erwähnen. Stattdessen erweitern Sie den Bereich der Dankbarkeit und konzentrieren sich auf die Fülle für die Sie dankbar sind. Zum Beispiel sind Sie an einem Tag dankbar für ihre Kinder, an einem anderen Tag sind Sie dankbar für die Erinnerung an einen wundervollen Tag mit ihnen. An einem anderen Tag möchten Sie Dankbarkeit für eigene Fähigkeiten ausdrücken. Wenn Sie verschiedene Dinge für die Sie jeden Tag dankbar sind, aufschreiben, werden Sie feststellen, wie viele Gaben ihnen zuteil werden.

Schreiben Sie eine bestimmte Anzahl auf, ohne einen Punkt davon zu wiederholen. Diese Art und Weise ist von Zeit zu Zeit herausfordernder und weitet ihr Bewusstsein für ihre Dankbarkeit für Kleinigkeiten um Sie herum aus. Sie werden beginnen jede kleinste Sache aus Sicht der Dankbarkeit zu betrachten.

Machen Sie eine Liste mit ihren Fähigkeiten und ihren Stärken. Denken Sie an alle ihre Fähigkeiten. Welche Dinge können Sie besonders gut? Sind Sie ausgebildete(r) Tänzer/Tänzerin? Oder ein talentierte(r) Sänger/Sängerin? Oder ein(e) Künstler/Künsterlin? Welche Fähigkeiten machen Sie einzigartig? Welches sind ihre speziellen Charaktereigenschaften? Das kann alles sein. Von dem empathischen Zuhörer bis hin zum Entertainer. Sie können ein sehr guter Freund oder ein ausgewöhnlicher Lehrer sein. Bestimmen Sie diese speziellen Eigenschaften. Sie haben die Kraft. Niemand sonst kann Sie sein. Stellen Sie sicher, dass ihr Protokoll genau diese Dinge reflektiert.

Das Schreiben ist als reinigender Prozess zu sehen. Seine Tragweite für das eigene Unterbewusstsein ist unermesslich, denn es ist der Prozess des Fühlens, Denkens und Handelns.

Das Unterbewusstsein empfängt, während Sie schreiben, Signale. Sie verinnerlichen alles, wenn Sie schreiben. Das Unterbewusstsein besitzt allerdings nicht die Kapazität zwischen realen und imaginären Szenarien zu unterscheiden.

Alles was ihr Unterbewusstsein aufnimmt, wird als Wahr abgespeichert. Das führt dazu, dass ihr Geist im Rhythmusreagiert, mit allem was Sie schreiben oder was ihr Unterbewusstsein glaubt, wahr zu sein. Wenn Sie beispielsweise weiterhin ihr Ziel ein Haus zu kaufen detailliert aufschreiben, wird ihr Geist ihre Handlung nach ihrem Ziel ausrichten. Sie werden dann das Sparen für das neue Haus fokussieren oder unbewusst anfangen potentielle Häuser auf ihrem Weg zur Arbeit abzusuchen. Die Gedanken mit denen Sie ihr Unterbewusstsein nähren, sind direkt in ihren Handlungen zu sehen.

In einer Studie aus einem Forschungsmagazin für Persönlichkeit wurden 90 Studenten ohne Abschluss in 2 Gruppen aufgeteilt. Die erste Gruppe der Studenten ohne Abschluss wurde gebeten, eine außergewöhnlich positive Erfahrung für drei aufeinander folgende Tage aufzuschreiben. Der zweiten Gruppe wurde das Kontrollthema zu gewiesen. Drei Monate später, stellte sich heraus, dass die Studenten, die über ihre positiven Erfahrungen schrieben, eine positivere Stimmung, weniger Krankheiten und weniger Arztbesuche verzeichneten. Stellen Sie sich vor - nach nur drei Tagen.

Der gesamte Gedankenprozess kann durch stetiges, reflektiertes und einfühlsames Schreiben verändert werden. Sie werden negative Umstände anders denken, fühlen und bewerten. Sie werden in Allem tendenziell die positive Seite sehen, und das wird sich in ihren konstruktiven Handlungen widerspiegeln.

Schätzen Sie die Wirkungskraft

Genießen Sie jeden winzigen Moment im Leben und schauen Sie in den Himmel, um dem Universum für alles zu danken. Sie werden feststellen, dass es etwas Größeres gibt, als Sie, und dafür sollten Sie dankbar sein. Das Universum hat alles geschaffen: Vom Strand bis zur Landschaft bis zu atemberaubenden Wasserfällen. Es ist eine unglaubliche Kraft, die Sie mit ihrer täglichen Segnung überkommt.

Wenn wir Dankbarkeit gegenüber dieser höheren Kraft verspüren, diese wertschätzen und aussprechen, dann fühlen wir uns positiv und inspiriert. Es macht die Dinge, die wir jeden Tag übersehen, offensichtlich. Wenn wir diese Dinge wertschätzen, verhilft es uns, das Glück, mit dem wir ausgestattet sind dankend anzunehmen und in etwas Höheres zu vertrauen.

Nächstes Mal, wenn ihr Telefon plötzlich nicht mehr funktioniert, denken Sie nicht wie ärgerlich das ist, sondern erinnern Sie sich an den Nutzen als es noch funktionierte. Alle die schönen Bilder, die Sie damit gemacht haben, Verbindungen zu wem auch immer zu aufrechtzuerhalten, Nachrichten und Anrufe zu tätigen. Für alle diese Sachen, die das Telefon für Sie tat, sollten Sie dankbar sein. Danken Sie dem Universum für die Hilfe, dass Sie in Verbindung bleiben mit ihren Geliebten. So legen Sie den Fokus vom Jetzt zum Großen und Ganzen.

Ein kleines Gebet der Dankbarkeit, wenn Sie dem Universum oder der Übermacht dankbar sind, selbst, wenn die Dinge nicht so verlaufen wie Sie sollten. Das wird ihnen mehr Hoffnung geben. Es wird Sie mit einem größeren Sinn für Positives und Optimismus übermannen. Und Sie werden lernen, der Übermacht zu vertrauen.

Starten Sie einen Kreislauf der Dankbarkeit

Wie oft bedanken Sie sich bei dem Tankwart an der Tankstelle? Oder der Person, der ihre Bestellung im Café aufnimmt? Oder der Person, die den Müll abholt? Wie oft bedanken Sie sich bei denen, die ihnen täglich behilflich sind? Wie würde ihr Leben aussehen, wenn die Müllabfuhr nicht regelmäßig käme? Klar ist, dass wir diese Dienste und die Menschen, die diese Dienste ausführen als selbstverständlich betrachten.

Schätzen Sie Menschen und beschweren Sie sich weniger. Sprechen Sie dem Barista, der ihren Kaffee kocht, ein Kompliment aus. Bedanken Sie sich bei dem Kellner, der ihnen die Tür aufhält. Danken Sie dem Hausmeister oder dem Verkäufer, der ihnen ihr Leben vereinfacht.

Beginnen Sie einen Zyklus der Dankbarkeit mit zufällig ausgewählten Nettigkeiten. Dieser wird eine Schleife des Glücks, der Hoffnung und der Dankbarkeit auslösen.

Beispielsweise, wenn Sie einfach den Kaffee für die Person hinter ihnen in der Schlange bezahlen. Bitten Sie dann diese Person auch eine Handlung des Glücks, an eine andere Person weiterzugeben. Die nächste Person kann auch gefragt werden, die Kette der Dankbarkeit weiterzuführen. Das wird ihnen erlauben, gütig zu sein und Positives zurück zu bekommen. Wenn Sie wirklich jemandem danken wollen, dann tun Sie etwas Nettes für diese Person.

Gehen Sie los und vergeben Sie täglich Komplimente an einige Menschen. Denn, wie schon erwähnt, wird das den Kreislauf der Dankbarkeit und Wertschätzung in Gang setzen.

Das wird das Gefühl von Positivem in hohem Maße in Ihnen erzeugen. Automatisch fühlen Sie sich gut, wenn Sie das Gute in anderen auch wertschätzen.

Üben Sie Dankbarkeit beim Abendessen

Das Abendessen ist eine gute Gelegenheit für die gesamte Familie zusammenzukommen und dankbar zu sein. Sie teilen die Dinge, für die Sie den Tag über dankbar waren. Was waren die besten Momente des Tages? Wofür waren Sie während des Tages sehr dankbar? Auch wenn es Tage gab, die nicht so gut verliefen, bleiben Sie konzentriert bei den Aspekten, für die Sie dankbar sind.

Wenn wir das Gefühl der Dankbarkeit, des Glaubens und der Erfahrungen mit anderen teilen, verhilft uns eine gute Verbindung aufzubauen. Diese Prozedur sollte aber nicht nur am Ernte Dankfest ausgeübt werden.

Schreiben Sie einen Brief

Gibt es jemanden, der ihr Leben nachhaltig positiv beeinflusst hat? Das kann jeder sein, ob Trainer, Freund, Lehrer oder Mentor. Haben Sie denen schon einmal gesagt wie wundervoll ihr Leben von ihnen beeinflusst wurde? Worauf warten Sie? Schreiben Sie einen handgeschriebenen Brief voller Dankbarkeit, an die Person, damit sie um ihre Wirkung auf ihr Leben und Wertschätzung weiß.

Es gäbe Pluspunkte auf ihrer Dankbarkeitsliste, wenn Sie diesen Brief persönlich abgeben oder ihn dieser Person laut vorlesen. Die Chancen stehen groß, dass diese Helden nicht einmal wissen, dass sie diese Wirkung auf ihr Leben hatten. Wenn Sie ihre Dankbarkeit gegenüber anderen offen zeigen und aussprechen können, werden Sie in Zukunft auf noch mehr wundervolle Menschen in ihrem Leben treffen.

Üben Sie, das Negative zu vermeiden

Versuchen Sie für ein paar Tage einmal nicht zu meckern oder zu lästern. Danach versuchen Sie es für eine Woche. Vermeiden Sie für ein paar Tage Kritik an anderen oder hinter deren Rücken schlecht über Sie zu sprechen. Sie werden überrascht sein wie viel positive Energie das freisetzt. Beschweren, Kritik üben und über andere lästern, lenkt unsere Energie zu negative, unproduktiven Gedanken. Wenn Sie allerdings mit Begeisterung über Menschen sprechen, sammeln sich positive Gedanken eher an und Sie fühlen sich besser.

Leisten Sie einen Beitrag

Wenn Sie einen Beitrag zu ihrem eigenen Leben leisten, werden Sie verstehen, wie viel Glück Sie haben einen Unterschied für andere und deren Leben zu geben. Ihr Selbstwertgefühl wird gesteigert, wenn Sie etwas von ihrer Zeit, ihrem Geld oder ihren Bemühungen als großzügigen Akt sehen und abgeben. Sie fühlen gleichzeitig mehr Dankbarkeit, wenn Sie realisieren, dass es ihnen mit dem was Sie haben sehr gut geht und Sie eine/r von wenigen sind, die dieses Glück haben.

Forschen Sie einmal in ihrer Nachbarschaft nach, ob es dort Menschen gibt, die sich sozial engagieren. Dort mitzuwirken, wird sie inspirieren und erheblich für ihr weiteres Leben sein. Freiwilligkeitsarbeit ist auch ein guter Weg sich mit Gleichgesinnten zusammen zu finden, um mehr über deren Mission zu lernen und um die Probleme derer zu verstehen, die weniger Glück im Leben haben als Sie. Das wird es ihnen einfacher machen, dankbar zu sein und vor allem etwas von dem zurück zu geben.

Komplimente, die von Herzen kommen

Wenn Menschen aufrichtige Komplimente bekommen, fühlen Sie sich wertgeschätzt und wahrgenommen. Und sind eher dazu befähigt, auch Komplimente zu verteilen. Der Geber des Kompliments wird eine tiefe Verbindung zur Güte erfahren. Jedes Kompliment verstärkt die Bindung zum Positiven. Geben Sie ernstgemeintes Lob und schmeicheln Sie nicht dahin. Halten Sie sich fern von zweifelhaften Komplimenten wie „Du kochst einfach zu gut für einen Mann."

Bleiben Sie konzentriert am Detail und vermeiden Sie schwammige Komplimente. Lieber sagen Sie jemandem, dass Sie ganz spezielle Elemente an deren Einrichtung sehr mögen, als das Sie ein allgemeines Kompliment zu deren Einrichtung machen. „Ich mag die Farbe der Gardine sehr oder die Wandfarbe", um nur ein Beispiel zu nennen.

Das macht das Kompliment authentisch und ehrlich. Auch wenn es verführerisch scheint, aber tun Sie nie ein Kompliment einfach ab. Indem Sie beispielsweise einfach sagen „Ich sehe nicht hübsch aus. Das ist nur der Winkel der Kamera und der Filter." Das wäre gleichbedeutend mit dem Zurückweisen einer gutgemeinten Geste.

Vereinen Sie sich mit der Natur

Mutter Natur ist der Ursprung allen Lebens. Seien Sie ihr, als eindrucksvolle Kraft dankbar. Machen Sie lange Spaziergänge. Nehmen Sie die natürliche Schönheit in ihrer Umgebung wahr. Picknicken Sie im Park oder am Strand. Erleben Sie die Morgensonne. Leihen Sie sich einen Kajak oder fahren Sie Kanu. Klettern oder Bergsteigen, oder andere Outdoor Aktivitäten, reservieren Sie einen Tisch auf der Terrasse ihres Lieblingsrestaurants. Die Natur ist allgegenwärtig. Sie müssen nur die Pracht erkennen, Sie erfahren und sich mit ihr vereinen.

Kontaktieren Sie ihre Liebsten

Aufgrund unseres straffen Zeitplans und unsere Fülle an Aktivitäten vergessen wir oft unsere wertvolle Zeit mit unseren Liebenden zu verbringen. Jetzt kommen noch Smartphones hinzu und wir sind schon glücklich darüber, dass wir Emails schreiben oder einfach eine Textmessage schreiben können. Die Unterhaltung und bedeutsame persönliche Beziehungen verlieren an Bedeutung und entgleiten uns nach und nach.

Nehmen Sie deshalb jetzt den Hörer und rufen Sie ihnen nahestehende Menschen an. Lassen Sie sie wissen, dass Sie an sie denken. Rufen Sie einen Freund aus ihrer Kindheit an oder einen längst vergessenen Bekannten oder jemanden, den sie schon lang nicht mehr gesprochen haben, weil es in der Vergangenheit zu Missverständnissen kam. Vergessen Sie, dass Sie einmal verletzt wurden von der Person und schaffen Sie eine Beziehung, die auf Vergebung und dem Positiven beruhen. Dann bemerken Sie wie positiv und dankbar Sie sich danach fühlen.

Meditieren Sie

Meditation ist eine großartige Variante sich eine Auszeit zu nehmen und wieder mit ihrem Körper, Geist und ihrer Seele in Einklang zu gelangen. Suchen Sie sich einen ruhigen, positiven und hellen Ort, an dem sie Atemübungen oder geistliche Meditation ausüben können. Als erstes setzen Sie sich bequem hin. Schließen Sie ihre Augen und atmen Sie tief und bedachtsam ein. Konzentrieren Sie sich nur auf ihre Atmung.

Meditation ist keine komplizierte und aufwendige Übung und sollte das auch nicht sein. Tun Sie das, was für Sie am besten ist. Einfach und beharrlich. Atmen Sie tief durch und betrachten Sie dabei ihren Körper. Konzentrieren Sie sich nur auf das Atmen, nicht auf andere Gedanken. Wie fühlt sich das an? Richten Sie ihre Aufmerksamkeit auf die Wirkung und den Ablauf in ihrem Körper. Wie fühlt sich ihr Körper an? Was fühlen Sie in den einzelnen Teilen ihres Körpers? Wie fühlt sich ihr Geist an? Diese Übung hilft ihnen dabei alles Äußere auszuschalten und ihr Inneres strahlen zu sehen.

Achten Sie auf ihre Worte

Dankbare Menschen nutzen bewusst oder unbewusst ein anderes sprachliches Muster. Das beruht auf Segnung, Glück und Spaß am Leben. Aus ihren Worten klingt immer Dankbarkeit für das Leben heraus. Die Sprache dieser Individuen rührt her vom bewussten Reichtum und nicht vom Mangel an etwas. Sie sind sich ihrer tiefen Dankbarkeit bewusst. Achten Sie auf ihre Worte, darauf was sie sagen, denn die positive Sprache schafft ein spezifisches Bild des Positiven. Und es erlaubt uns, daran zu denken wie gut es uns geht.

Die Wörter, die wir gebrauchen, sind beständige Übermittler an unser Unterbewusstsein. Diese lenken unsere Aktionen, die authentisch mit unserer geistigen Anweisung sind. Unser Verstand glaubt das, was wir ihm zuführen. Worte sind das perfekte Futter für unseren Geist. Alles, was wir sagen, hält es für wahr und leitet es direkt weiter an die Ausführung unserer Handlungen, um es dann mit der Realität zu synchronisieren. Deshalb gilt: Je positiver wir sprechen, desto höher ist der Effekt auf unsere positive und zielführenden Handlungen.

Verweilen Sie in der Gegenwart

Bleiben Sie gedanklich in der Gegenwart, wird es ihnen leichter fallen, dankbar dafür zu sein, was sie augenblicklich besitzen. Wir erkennen und wertschätzen die Schönheit der Gegenwart. Hier liegt der Schlüssel unserer Dankbarkeit. Es ist vergleichbar mit einem Energiefeld, auf dem ihr Leben beginnt. Sich Dankbarkeit darüber ausdrückt und ihre Zukunft schöner macht.

Machen Sie sich allerdings nur Sorgen um die Zukunft, hat das einen negativen und destruktiven Effekt auf ihre gesamte Stimmung. Erinnern Sie sich daran: Ihre Gedanken, Worte und Handlungen sind derartig kraftvoll, ihren Lebenskurs zu bestimmen.

Kapitel 3: Negative und zerstörerische Gedanken stoppen

Ja, es ist eine Herausforderung ständig positiv und glücklich zu sein. Negative Gedanken kommen, trotz Anstrengungen, immer mal wieder einfach auf. Sie werden sie öfter am Anfang ihrer Phase des positiven Denkens bemerken. Allerdings werden Sie mit der Zeit schwächer. Was tut man dennoch, wenn die negativen Gedanken aufkommen? Wie kann man sie daran hindern, ständig wieder sichtbar zu werden? Im Folgenden zeigen bewährte Strategien wie negative Gedanken bekämpft werden können, um positive Gedankengänge zu zulassen.

Lassen Sie ihren Geist einkaufen

Eine Technik, die für einige Menschen sehr gut funktioniert, wenn sie von negativen Gedanken wieder übermannt werden, ist, sich bildlich vorzustellen in einem Supermarkt zu stehen. Versuchen Sie sich die Artikel und die Auswahl dieser Artikel, auszumalen. Wahlweise können Sie sich auch die Anordnung von Büchern im Regal oder eine Song Playlist vorstellen. Das wird ihnen dabei helfen, sich auf bestimmte Dinge schnell zu konzentrieren. Jedes Mal, wenn destruktive Gedanken aufkommen, stellen Sie sich einfach diese Playlist, die Anordnung der Bücher usw. vor. Egal, ob einmal oder 30 mal pro Stunde.

Zu Beginn ist das allerdings nur eine Vorrübergehende Lösung. Allerdings kann diese Übung ihr positives Denken, ihre Stimmung und ihre Entscheidungsfindung erheblich verbessern, wenn Sie diese nur oft genug anwenden. Diese Technik trainiert ihr Hirn in eine andere Richtung zu denken, sobald unerwünschte Gedanken erzeugt werden.

Wenden Sie sich ab von negativen Gedanken

Manchmal kann es schon helfen einen negativen Gedanken loszuwerden, wenn man ihn auf ein Blatt Papier schreibt und dieses Papier in den Müll wirft. Laut einer Studie der Ohio State Universität aus dem Jahre 2012, besaßen Menschen, die ihre negative Gedanken auf Papier notiert und später weggeworfen haben, ein positiveres Selbstbild innerhalb weniger Minuten hatten, nachdem sie die Handlung ausführten, als jene, die es behielten. Alles, was Sie tun, sind ihre Gedanken als etwas wertvolles auszuzeichnen oder zu bewahren.

Die Art und Weise wie sie ihre Gedanken bezeichnen, macht einen großen Unterschied darin, wie Sie die Gedanken nutzen, laut Richard Petty, PhD, Professor für Psychologie. Sie können die gleiche Übung auch über den Computer und den „virtuellen Papierkorb" tun.

Genießen Sie eine Tasse Tee

Sobald negative Gedanken aufgrund von Einsamkeit entstehen, sollte es warm sein, damit ihr Wohlgefühl wieder ansteigen kann. Laut einer Studie von 2012 der Yale University denken Menschen weniger negativ über vergangene Einsamkeit, wenn sie einfach etwas Warmes in ihren Händen halten. Positive Gefühle entstehen, weil wir tendenziell eher das Warme und die Wohlfühlzone in einsamen Situationen suchen. Ein Trick ist es deshalb, einfach eine Tasse Tee oder eine warme Dusche zu genießen, damit man sich schnell emotional stabiler fühlt. Dennoch sollten Sie diese schnelle Hilfe nicht durch menschliche Beziehungen ersetzen.

Denken Sie nicht in Extremen

Vermeiden Sie es in Extremen zu denken. Es gibt kein Schwarz oder Weiß. Der Alles oder nichts-Ansatz funktioniert nicht im Kampf gegen negatives Denken. Negatives kann schnell in Extreme umschlagen. So werden Sie beispielweise glauben, wenn ein Test nicht gut verlaufen wird, dass sie komplett versagen werden.

Selbiges passiert, wenn ihr unternehmerisches Vorhaben lange keinen Erfolg zeigt und Sie sich schon darauf vorbereiten, dass das Unternehmen untergehen und Sie finanziell ruinieren wird. Wir tendieren leider dazu, unsere Ängste zu hoch zu spielen. Was sonst kann das Gefühl beschreiben, wenn jemand während meiner Präsentation dazwischen ruft?

Diese Gedanken verfehlen leider oft die subtileren Nuancen. Sie machen unseren Blick auf die Zukunft katastrophaler und dramatischer. Wir haben bereits das Gefühl, dass Misserfolge, Katastrophen und Unheil über uns kommen. Natürlich ist es das nur zeitweise. Allerdings besteht unser Leben nicht aus scharfen Äußerungen, die wir manchmal aussprechen. Mehrheitlich ist das, was wir erleben grau und nicht schwarz oder weiß.

Realistisch scheint es nicht, Negatives ganz plötzlich in positive Gedanken umzuwandeln. Aber suchen Sie nach grauen Schattierungen, die ihre Gedanken schrittweise verwandeln. Denken Sie über ihre Beziehungen nicht an komplette Katastrophen oder an das Perfekte, denken Sie nur an einige schöne und an weniger schöne Gesichtspunkte, gleich so wie in jeder anderen Beziehung. Das wird ihre Gedanken ausbalancieren, Sie weniger negativ und destruktiv machen.

Schreiben sie Negatives auf. Führen Sie das Schlimmste, was ihnen in Erinnerung bleibt, an. Später notieren Sie dann mindestens 3-4 weniger Schlimme. Schreiben Sie ausgeglichen und realistisch, was das Schlimmste wäre, was passieren könnte. Anstatt der Vorstellung, dass alle anderen ihre Präsentation hassen werden, sagen Sie sich, dass es ein guter Mix aus allem sein wird.

Sie sind nicht für alles verantwortlich

Warum denken wir eigentlich fast immer, wenn uns etwas tolles im Leben passiert, dafür seien Glück oder andere Menschen verantwortlich? Wohingegen wir, wenn etwas Schlimmes passiert, immer zu erst uns selbst die Schuld dafür geben? Das könnten wir einfach umgehen, indem wir die negativen Dinge ignorieren. Denn, wenn wir negative Gedanken erst aufnehmen, kommen auch die Schuldgefühle.

Denken Sie kritisch über diesen Einfluss nach, den sie hatten, als etwas nicht nach ihren Wünschen geschah. Zum Beispiel war etwas, was sich als sehr schrecklich erwies, gar nicht in ihrer Hand, es anders zu machen. Lernen Sie das Positive und nicht das Negative zu verinnerlichen. Natürlich bedeutet das nicht, für unser Handeln nicht die Verantwortung zu übernehmen. Es heißt nur, dass wir uns nicht für alles die Schuld geben sollen. Also, wenn etwas Schönes passiert, akzeptieren Sie die Geschenke, die sich uns bieten und machen Sie nicht andere/s dafür verantwortlich. Alles, was wir für Erfolg brauchen, liegt in uns und stimmt uns positiver.

Spielen Sie etwas Positives nicht herunter

Negative Gedanken machen es ihnen schwer, das Positive zu erkennen. Es ist wie ein Filter, der alles Positive fernhält. Wir neigen dazu Rückschläge zu übertreiben und den Erfolg zu minimieren, was uns wiederum ein elendes Gefühl verleiht.

Sie sollten sich jedoch angewöhnen, die Niederlage nur zur Kenntnis zu nehmen und es als kurzlebig abbuchen. Denn bedenken Sie, dass wir immer das finden, wonach wir auch suchen. Gewöhnen Sie sich eine ausgeglichene Denke an. Für jeden negativen Einfall über eine Person, finden sie einfach etwas Positives. Auch wenn ihre Teamkollegen nicht konzentriert an dem Projekt arbeiten, können Sie eine positive Stimmung schaffen, indem Sie die stressige Situation mit lustiger und auflockernder Art verbessern. Sehen Sie, was da passierte? Wir haben einfach das nicht ganz so Positive mit einer sehr positiven Eigenschaft ergänzt. Positives ist immer da. Wir müssen nur zulassen, es zu erkennen.

Lasen Sie Vermutungen

Mit der Unsicherheit kommt sehr oft auch die Tendenz, Vermutungen anzubringen und Gedanken lesen zu wollen. „10 Minuten sind schon vergangen und ich habe immer noch keine Nachricht zurückbekommen. Bestimmt mögen sie mich nicht." Na, wie oft hatten sie diese Gedanken schon? „Sie haben nur so gesagt, dass ich gut aussehe, damit ich mich besser fühle. Aber sie meinten es nicht ehrlich."

Wir geben Dingen eine Bedeutung und bringen Sie in einen Kontext, bevor wir überhaupt die nötigen Beweise für unsere Gedanken haben. Wir bilden uns ohne Grund etwas ein und glauben ohne Beweise. In derartigen zweideutigen oder unsicheren Szenarien, ist es besser, die Gedanken kurz anzuhalten. Das ist entscheidend für den Kampf gegen negative Gedanken. Wenn Sie selbstlernend sind, hilft es ihnen, nicht in die Falle des negativen Denkens zu tappen. Sie können ihrem Verstand antrainieren, in den neutralen Gedankenmodus zu wechseln, wenn Sie wieder einmal in einer unsicheren Situation sind.

Wenn Sie zum Beispiel jemand nicht zurückruft, denken Sie nicht gleich, derjenige mag Sie nicht oder sei verstorben, sondern versuchen Sie einen leeren Akku oder fehlendes Gesprächsguthaben oder wichtige Aufgaben in Betracht zu ziehen. Diese Gründe beziehen sich nicht auf Sie und befinden sich nicht in ihrer Hand, und sind außerdem genauso plausibel wie jeder andere Grund.

Visualisieren Sie eine angenehme Umgebung

Verbildlichen Sie sich in einer angenehmen Umgebung zu sein, sobald sie negative Gedanken wahrnehmen. Sie könnten an einem Strand oder auf einem Berg oder in einem Wald stehen. Stellen Sie sich selbst in ihrer Lieblingssituation vor. Cocktailtrinkend, Bergsteigend oder Tiere fütternd auf einem Bauernhof. Es sollen schöne Szenarien sein und positive Aktivitäten. Das verhilft ihrem Verstand negative Gedanken abzuwehren und positive Gefühle zu entwickeln.

Tafel der Vision – Gestalten Sie eine Tafel mit ihren Visionen. Das ist nicht einfach nur eine Wohlfühlübung. Eher ist es ein Prinzip, dass Visionen ihre mentale Energie ändern können. Sie haben Einfluss auf unsere Gedanken, Gefühle und schlussendlich auch auf unser Handeln und Verhalten. Der metaphysische Begriff des Gesetzes der Anziehung besagt, dass wir alles anziehen, was wir denken. Das Universum gibt uns die Gedankenenergie, die wir ihm übertragen. Wenn Ihre Gedanken mit einer positiven Frequenz arbeiten, erhalten Sie eine passende Frequenz zurück. Also, für die Erfüllung Ihrer Ziele, brauchen Sie positive Gedanken und geistige Energie.

Wenn Sie ihrer Visionstafel Bilder beifügen, wird es ihre Ziele noch besser präsentieren. Diese Bilder verleihen ihrem Unterbewusstsein eine Art Impressum, jedes mal wenn Sie sie anschauen. Das führt dazu, dass das Unterbewusstsein ihre Handlungen harmonisch zu den Gedanken ausführt. Heften Sie die Bilder an diese Tafel oder auf ein großes Blatt Papier. Bewahren Sie es dort auf, wo Sie es jeden Tag ansehen können.

Mit dieser Collage können Sie ruhig kreativ sein. Kleben Sie ihr Lieblingszitat ein oder inspirierende Worte aus ihrem Lieblingsbuch. Zeichnen Sie die Vision ihres Traumhauses oder Ladens. Skizzieren Sie ihren nächsten Urlaub mit Bildgeschichten, Stickern, Zeichnungen und allem, was ihre Vision bekräftigt. Es ist ihre Visionstafel, also gestalten Sie diese ruhig personenbezogen, bedeutsam und überwältigend.

Schneiden Sie Bilder aus und schreiben Sie Positives dazu, um ihre Gedanken und Ziele klarer formulieren zu können. Bevor Sie zu Bett gehen, verbringen Sie noch einmal ein paar Minuten vor dieser Collage und denken an ihre Ziele. Diese Minuten sind sehr wichtig, um die Bilder in ihren Geist einzubetten.

Denken Sie daran, dass die Gedanken oder Visionen, die Sie 45 Minuten vor dem Schlafen wahrnehmen in Ihrem Unterbewusstsein während des Schlafen sein werden. Mit diesen Gedanken und Visionen starten Sie ihren Tag. Jeder Tag beginnt mit einer Schwingung, die zu Ihren zukünftigen Zielen passt. Also, halten Sie ihre Visionstafel einfach, klar aber bedeutsam. Es muss nicht perfekt sein, aber personell und für Sie maßgeblich. Es sollte ein starkes verlangen nach ihrem Ziel auslösen. Ihre Gedanken sollten davon inspiriert und beeinflusst werden.

Verwenden Sie optische Elemente und Wörter, die Ihren Zweck und gewünschte Zukunft darstellen. Sie sollten positive Emotionen hervorrufen. Zu viele visuelle Elemente erreichen eventuell das Gegenteil, denn es erschwert den Fokus auf die wichtigen Ziele. Vielleicht möchten Sie auch verschiedene Tafeln für verschiedene Ziele erstellen. Zum Beispiel eines für ihre persönliche Ziele und eines für ihr finanzielles oder Karriere Ziel.

Erkennen Sie die Auslöser für negative Gedanken

Laut einiger Studien sind negative Gedanken ein Ergebnis der Evolution, in der wir verdrahtet wurden, um unsere Umgebung auf potenzielle Gefahren oder Verbesserungsmöglichkeiten oder Dinge, die behoben werden sollen, abzusuchen.

Negative Gedanken werden durch Sorgen, Angst oder ein Gefühl, Demütigung oder Angst, oder Dinge, die uns Gefahr aussetzen könnten. Negatives Denken kann auch ein Teil unseres gelehrten Verhaltens sein, das im Kindesalter erlernt wurde. Es kann an Depressionen oder ein vergangenes Trauma mit Selbstzweifel / Schuld / Scham / Bedauern gekoppelt sein.

Identifizieren Sie alle beunruhigenden Umstände oder Bedingungen, die direkt mit unangenehmen Gedanken verbunden sind. Für einige Menschen können das Präsentationen oder Geschäftstreffen sein. Für andere kann es der Umzug in eine andere Stadt oder in ein neues Haus sein. Neue Beziehungen oder das Auflösen einer alten Beziehung oder ein neuer Arbeitsplatz sind häufige Auslöser. Diese Auslöser können identifiziert werden, indem sie ein Tagebuch schreiben und alles notieren, was Sie in eine negative Stimmung bringt. Sobald Sie diese typischen negativen Gedanken, die stimulierend wirken, erkannt haben, wird es einfacher, sie zu managen.

Informelle Verhaltenstherapie

Sie können versuchen, selbst mit kognitiven Verhaltenstherapien gegen negative Gedanken zu steuern. Wenn Sie in der Lage sind, ein negatives Denkmuster zu identifizieren, indem Sie es bewusst einstellen, können Sie anfangen, an Ihren Denkmustern zu arbeiten. Jedes Mal, wenn Sie sich in den negativen Gedanken-Modus bewegen, suchen Sie nach konträren Beweisen für ihre Behauptungen.

Zum Beispiel, wenn sie der Meinung sind, nie in der Lage zu sein das aktuelle Projekt rechtzeitig fertigzustellen, denken Sie einfach an 3-4 Beispiele, an denen Sie festmachen können, dass es in der Vergangenheit auch anders ging. Lenken Sie ihr Bewusstsein auf Dinge, die völlig im Widerspruch zu Ihren Ängsten oder Befürchtungen stehen. Denken Sie an Dinge, die Sie erfolgreich absolviert haben oder an die Zeiten, an denen Menschen sie für ihre Arbeit gelobt haben.

Achten Sie auf das, was Sie besitzen und die Dinge, die Sie erfolgreich in der Vergangenheit getan haben, wenn Sie die kognitive Verhaltenstherapie praktizieren. Dies zieht Sie aus dem Netz der selbstbegrenzenden Gedanken heraus. Setzen Sie diesen Gedanken in der Praxis um, indem Sie etwas tun, anstatt es sich nur vorzustellen. Anstatt nur daran denken, ein komplettes Chaos in der kommenden Präsentation zu verursachen, lieber die Präsentation vor ein paar Menschen vorab halten, um zu beweisen, wie alles in Ordnung sein wird. Fragen Sie andere für ihre ehrliche Meinung und schauen Sie, ob ihre Gedanken mit denen der anderen übereinstimmen.

Versuchen Sie, bestimmte Wörter oder Aussagen zu ersetzen, um ihnen eine positive Wendung zu geben. Anstatt zu sagen, "Ich hätte das lieber nicht gesagt", können Sie sagen: "Ich bin verärgert, dass ich es gesagt habe und werde es in Zukunft vermeiden." Allmählich können diese kognitiven Verhaltenstherapie-Übungen Ihre Gedanken zu weniger Schuldzuweisungen gegen sich selbst hin zu mehr positiven und realistischen führen.

Vermeiden Sie die Opferrolle

Hören Sie auf, das Opfer zu spielen, selbst wenn Dinge nicht in ihrer Kontrolle liegen. Sie können Umstände oder anderer Personen Handlungen nicht kontrollieren. Allerdings haben Sie die vollständige Kontrolle über Ihre Resonanz auf andere. Akzeptieren diese einfache, aber tief greifende Tatsache und es wird Ihr Leben erleichtern. Sie werden aufhören, sich als hilfloses Opfer zu sehen und verantwortungsbewusster mit der Situation umgehen. Seien Sie nicht passiv mit Dingen, die in Ihrem Leben passieren. Ergreifen Sie die Initiative und holen Sie sich die Kontrolle über das, was Sie können zurück, und lassen Sie sein, was Sie nicht können. Das Opfer zu spielen, bringt Sie in einen hilflosen und unglücklichen Geisteszustand. Es lässt Sie glauben, dass das Leben nicht fair zu Ihnen ist, was für positives Denken kontraproduktiv ist.

Zum Beispiel werden Sie nie einen Arbeitskollegen oder ein nerviges Familienmitglied ändern können. Jedoch, liegt es an ihnen oder an ihrer Reaktion auf deren Handlungen. Geben Sie niemals die Kontrolle über sich an andere ab. Steuern Sie Ihre Gedanken unabhängig. Meistern Sie ihre eigenen Gefühle, Reaktionen und Gedanken. Eliminieren Sie Dinge oder Menschen, die Ihr Leben negativ beeinflussen. Akzeptieren, was nicht geändert werden kann. Das spart Ihnen Energie, die Sie umsonst für negative Beschäftigungen ausgeben würden.

Bringen Sie Positives in das Leben Anderer

Eine der besten Möglichkeiten, negativen Gedanken zu begegnen, ist sich nach Außen zu richten und anderen ein gutes Gefühl zu geben. Geben Sie Positives an andere weiter, werden Sie Positives zurück erlangen und somit einen optimistischen Lebensweg einschlagen. Automatisch werden Sie sich besser fühlen, wenn Sie jemandem ein gutes Gefühl gegeben haben.

Sprechen Sie ein ernst gemeintes Kompliment aus. Bieten Sie Ihre Hilfe anderen Menschen an. Wenn Sie umgeben sind von Menschen, hören sie aufmerksam und bedacht zu. Haben Sie ein Ohr für deren echte Probleme. Bieten Sie ihre Hilfe an, die bei der Lösung eines Problems nützlich sein kann. Seien Sie in schwierigen Zeiten für Menschen da. Bleiben Sie mit Menschen in Kontakt, die es nicht so gut haben wie sie.

Reden Sie darüber

Negatives Denken kann das Ergebnis eines Gedankenprozesses sein, der auftritt, wenn wir grundsätzliche Probleme haben, die nicht an etwas bestimmtem festgemacht werden können. Sie können alle Gefühle und tieferen Fragen für sich behalten, die das negative Denkmuster fortsetzen. Ein Gespräch mit einem engen Freund oder Familienmitglied kann Sie da herausholen. Oder Sie sprechen mit einem Berater, Therapeut, Psychologe oder Verhaltensspezialist. Sie können Ihre tiefverborgenen Probleme damit in den Vordergrund bringen, denn das hilft sie loszuwerden und ist wirksamer als jede andere Behandlungsmaßnahmen wie Medizin.

Wörter, die Sie den negativen Gedanken hinzuführen, sind dafür verantwortlich, dass Sie ständig in ihrem Kopf bleiben, weil Sie ihnen durch die Wörter eine Form gegeben haben. Anstatt in Extremen zu denken, sollten Sie lieber eine ausgeglichene Sichtweise einnehmen, wenn Sie handeln. Der Standpunkt der anderen Person kann unseren Gedanken mehr Klarheit verschaffen. Sobald Sie die Wurzel identifizieren, wird es einfacher, das Problem anzugehen.

Ändern Sie die Häufigkeit ihrer Gedanken

Negatives Denken ist die Folge einer schlecht entwickelten Sichtweise. Wenn wir in den negativen Denkmodus verfallen, nehmen wir keine gesunde Sichtweise der vorhandenen Fragen an. Ändern Sie Ihre Gedanken. Der Klang dieser macht es ihnen leichter ein positives Gefühl zu verspüren. Anstatt zu denken, dass Sie eine harte Zeit mit echten Herausforderungen haben, denken Sie lieber darüber nach, wie Sie an potenzielle Lösungen kommen. Sie ändern einfach die Häufigkeit Ihrer Gedanken von negativ zu positiv.

POSITIV DENKEN

Sie denken das gleiche, außer dass der Ansatz nach Lösungen zu suchen, ihnen eine positive Richtung aufzeigt. Manchmal ist alles, was Sie brauchen, eine leichte tonale Verschiebung, um eine große Veränderung in Ihren Gedanken herbeizuführen.

Kapitel 4: Positiv Denken mit Meditation

Stellen Sie sich vor, wie schön es wäre, eine tiefere Verbindung mit ihrem Inneren herzustellen. Die Vorteile des Abstimmens mit ihrem Inneren, und die Schaffung eines positiven und mentalen Rahmens kann nicht untergraben werden. Meditation ermöglicht Ihnen, Dankbarkeit, Objektivität und Balance auszulösen. Es ersetzt zerstörerische, selbstbegrenzende und negative Gedanken mit konstruktiveren und positiveren Gefühlen.

Sie wissen bereits, dass Meditation mehrere physische, kognitive und psychologische Vorteile hat. Jeder, den Sie kennen, übt es auf unterschiedliche Weise aus. Es gibt Dutzende von Methoden und Techniken, die eine Auswahl der passenden Methode erschweren. Wer ein Leben auf der Überholspur lebt, kann von der aktiven Meditation profitieren. Es umfasst, sich auf einen Gedanken zu fixieren oder das Bewusstsein auf einen einzigen Gedanken, eine Visualisierung, Idee oder ein Konzept zu leiten. Die Entscheidung, sich auf etwas im Inneren zu konzentrieren, hilft Ihrem Verstand dabei, die negative Unordnung und Gefühle zu verwerfen. Es erlaubt Ihnen, alles aus einer nicht-wertenden Perspektive zu sehen.

Achtsame Meditation - Achtsamkeit ist die Ausübung, sich intensiv und vorsätzlich auf die Gegenwart zu konzentrieren. Es geht darum, ihre Aufmerksamkeit auf Ihre Empfindungen, Gefühle, Gedanken und Emotionen zu richten, ohne sie zu bewerten. Sie legen ihre komplette Aufmerksamkeit auf Ihren Körper, Geist und Seele während einer dieser Sitzungen.

Setzen Sie sich nun bequem auf ein Kissen, auf den Boden oder den Stuhl. Halten Sie Ihren Rücken, ohne sich anzulehnen gerade und achten Sie auf eine gesunde Körperhaltung. Befreien Sie Ihren Geist von allen vorherrschenden Gedanken. Achten Sie auf ihren Atem. Atmen Sie ein und langsam wieder aus. Achten Sie nur auf Ihren Atem. Lenken Sie ihre Aufmerksamkeit immer wieder auf Ihre Atmung während der Meditationssitzung. Achten Sie genau auf Ihre Gedanken, Gefühle und körperlichen Empfindungen. Das Ziel ist, ein vollständiges Bewusstsein über uns und allem, was geschieht, ohne das Selbst zu verlieren. Ein objektives Bewusstsein ist das Schlüsselwort.

Es ist normal, dass ihr Geist mit Klängen, Gefühlen, Gedanken und Empfindungen abgelenkt wird. Wenn das allerdings auftritt, führen Sie sanft Ihre Aufmerksamkeit zurück zum Atem. Sie sind nicht ein Teil des Denkens oder der Empfindung. Auch wenn Sie sich dessen noch bewusst sind. Sich bewusst über ein Gefühl oder eines Gedanken zu sein, ist völlig anders, als mitten drin zu sein.

Achtsamkeit trainiert, die vollständige Kontrolle über Ihre Gedanken und Gefühle zu gewinnen und leiten Sie zur Stille an, zu einem größeren Gefühl der Objektivität. Dies hilft, Ihre Gedanken neutraler, objektiver und gegenwärtiger zu machen. Nach einiger Zeit werden Sie die Übung genießen und schätzen, denn ihr Geist fühlt sich wunderbar an.

Sie können die Übung der Achtsamkeit auch während alltäglicher Aktivitäten wie Wandern, Arbeiten und Essen ausführen. Achten Sie genau auf die Tätigkeit, die sie gegenwärtig tun und seien sie sich dieser bewusst.

Sie folgen keinem automatisierten Modus. Alles, von den Gedanken bis zu den Gefühlen unterliegt ihrer Kontrolle. Achten Sie genau auf die Worte, die Sie verwenden, während Sie sprechen. Hören Sie Ihren Worten aufmerksam zu. Seien Sie geistig anwesend, wenn Sie beispielsweise zu Fuß gehen, indem Sie sich ihrer Körperbewegung, dem Klang, wenn Ihre Füße den Boden berühren und die Empfindungen, die Sie erleben, bewusst sind.

Taoistische Meditation - Die grundlegenden Eigenschaften der taoistischen Meditation sind die Schaffung, Transformation und Verteilung der inneren Energie. Das Ziel ist, Körper und Geist zu beruhigen, die Einheit von Körper und Geist zu verwirklichen und inneren Frieden zu finden. Einige Tao-Stile erhöhen das Wohlbefinden und die Lebensdauer.

Taoistische Meditation visualisiert den inneren Geist und Körper, einschließlich der Organe, Kräfte und vitalen Bewegungen. Es bildet sich heraus aus Denkprozessen. Bei der neiguanischen Technik der taoistischen Meditation handelt es sich, um die Steigerung ihres Bewusstsein für die Weisheit der Natur in Ihrem Körper.

In taoistische Meditationssitzungen setzt man sich in den Schneidersitz auf den Boden. Die Augen sind halb geschlossen und auf die Nasenspitze fokussiert. Das Ideal für Tao-Meister ist es, ein einheitliches Gefühl von Atem und Geist zu erreichen. Wenn dies nicht erreicht werden kann, versuchen Sie ihren unteren Bauch zu fixieren.

Gelenkte Meditation - Gelenkte Meditation ist eine weiterentwickelte und zeitgemäße Mediationsübung mit Willenskraft und absoluter Entschlossenheit. Da wir in sehr unterschiedlichen Zeiten leben, in denen unsere Aufmerksamkeitsspanne begrenzt ist und die schnellen Ablenkungen wahrscheinlicher sind, wird gelenkte Meditation oft als Mittel genutzt, meditative Kraft zu entwickeln.

Gelenkte Meditation wird in der Regel mit Hilfe von Audio-oder Video-Anweisungen oder von einem Lehrer nähergebracht. Die Stimme des

Lehrers lenkt Ihre Aufmerksamkeit hin zu einem meditativen Zustand. Traditionell verläuft diese Meditation ohne Musik. Das Hauptziel ist es, die Praxis zu vertiefen und ihre Vorteile zu genießen.

Gelenkte, bildliche Darstellung als eine Technik, die die Kraft der Visualisierung und Phantasie verwendet, um Ihre Gedanken zu kanalisieren. Es führt Sie durch ein Szenario, an ein Ziel oder durch eine Reise, die Sie sich vorstellen. Das Ziel ist es, zu heilen und zu entspannen, und sich ihrem Ziel nähern.

Gelenkte Visualisierungen machen sich die Stärke des Unterbewusstseins zu nutze, um die Ziele zu verwirklichen. Wenn Sie sich ständig in einem bestimmten Zustand befinden, wird es für das Unterbewusstsein einfacher, diese Bilder zu behalten und unser Verhalten synchron nach ihnen auszurichten.

Um den Geist stärker davon zu beeindrucken, können Bekräftigungen verwendet werden. Einige Menschen üben auch die Entspannung und Körper-Scan-Technik der gelenkten Meditation aus, um eine tiefe, körperliche Entspannung zu erreichen. In der Regel wird diese Übung von Naturgeräuschen oder beruhigender Instrumentalmusik begleitet.

Ohne Anstrengung meditieren

Mühelos und trotzdem beim Meditieren präsent sein, bedeutet, die Aufmerksamkeit nicht auf etwas Besonderes zu lenken, sondern stattdessen darauf abzielt, weniger das Bewusstsein durch Auswahl zu nutzen, dafür aber den Geist Entleeren oder die Entscheidung für ein reines Sein wählen. Die meisten traditionellen Meditations-techniken legen Wert darauf, den Geist zu trainieren und zwar in nahtloser, absoluter Stille, um tiefe Bewusstseinszustände zu erreichen. Der Fokus auf ein Objekt oder den Prozess tritt in den Hintergrund und das, was die reine

Anwesenheit ihres wahren Selbst ist. Diese Art der Meditation benötigt intensives Üben.

Selbsterkundung - Selbsterkundung ist eine Form der mühelosen Meditation. Es ist eine einfache, subtile und abstrakte Klangpraxis. In dieser Praxis stellen Sie sich in das Epizentrum des Universums. Das Ego oder Ich ist bei allen unseren Emotionen, Wahrnehmungen und Gedanken gegenwärtig. Dennoch ist uns das "Ich" im wirklichen Bewusstseinszustand oft nicht bewusst.

Diese meditative Übung erlaubt es uns zu hinterfragen. Indem wir in unsere tieferen Ebenen des Bewusstseins gehen, indem wir uns Fragen stellen, um die Aufmerksamkeit auf ein subjektives Gefühl des Selbst, der Selbst-Präsenz und der Existenz zu lenken. Es ist ein reines Bewusstsein. Das "Ich bin" oder das Gefühl des Seins ist, worauf der Fokus liegt. Halten Sie das "Ich" rein, ohne sich auf das Motiv zu konzentrieren.

Kapitel 5: Geben Sie Raum für positive Gedanken

Sie möchten gern ein paar Kilo abnehmen, um wieder in Ihre Anzüge zu passen. Dazu allerdings müssen Sie ihre Essgewohnheiten ändern. Ungesunde Snacks zwischendurch müssen drastisch gesenkt werden. Sie möchten auch einem straffen Sportplan folgen. Sie wollen 7-8 Stunden pro Tag schlafen. Am Arbeitsplatz wollen Sie auch einen Blog organisieren und sich dazu noch einiges mehr an Arbeit übertragen. Sie wollen ein Buch schreiben. Dann gibt es da noch die Vermarktung Ihrer Dienstleistungen in den sozialen Medien. Möglicherweise möchten Sie auch noch Ihr Profil um ein paar Auszeichnungen mehr, erweitern. Grundsätzlich wollen Sie sich in eine menschliche Überkraft verwandeln.

Sie sind offensichtlich dabei ihr Leben völlig zu überladen. Es gibt noch einiges, was ihnen aus ihrer Vergangenheit nachhängt. Das sind vielleicht Zukunftsängste. Aber ohne, dass Sie mit ihrer Vergangenheit abgeschlossen haben, steht ihrer Zukunft eine Art Unordnung im Weg. Wie oft muss es ein neues Sofa für das Wohnzimmer sein, weil das alte nicht mehr bequem ist? Und dennoch können Sie das alte Sofa nicht wegwerfen, weil es dann für den Müll doch noch zu gut ist? Jetzt bleiben beide Sofas im Wohnzimmer stehen. Kommt Ihnen das bekannt vor?

Physische Unordnung verursacht viele körperliche Hindernisse und macht es ihnen schwer, das wirklich wichtige zu finden. Körperliche Unordnung kann auch dazu führen, dass es in unseren Geist eindringt und ihn einfriert. Unsere Entscheidung einen Prozess in Gang zu setzen, alles aufzuräumen, vernebelt uns unsere Gedanken. Dies spiegelt sich sofort in unserem Verhalten wider. Es führt zu einem Zustand der Verwirrung, und verwirrtes Verhalten führt zu einem größeren Verlust.

Wir füllen unseren Kleiderschrank, ohne vorher auszumisten und die alten Sachen weg zu werfen, die vermutlich seit den letzten 4 Jahren nicht benutzt wurden. Unsere Leidenschaft gerät in den Hintergrund, da wir jetzt tägliche Zwänge, Arbeitsabläufe und unendliche Listen abzuarbeiten haben. Wir belügen uns oft selbst, wenn wir glauben, dass schon alles gut und richtig ist.

Wie oft mussten Sie extra Servicegebühren bezahlen, weil Sie die Dokumente der Garantieleistung verlegt hatten? Wie oft haben Sie wichtige Dokumente durch Unordnung verloren? Sie finden eine Menge abgelaufener Karten, aber nicht die Garantiekarte, die Sie wirklich suchen. Diese ist offensichtlich in einem Wirrwarr verloren gegangen. Und Sie zahlen dafür dann zusätzliche Gebühren und fühlen sich elend. Dies ist einladend für negatives Denken, Fühlen und Verhalten.

Einen Raum aufzuräumen ist vergleichbar damit, Ihren Geist von Negativität und unerwünschter Unordnung zu befreien. Wenn Sie Ihren Raum von Objekten, die sie lange aufbewahrt haben, freimachen, dann gewinnen Sie Platz für das Positive. Sie machen in Ihrem Kopf Luft für Positivität und klarere Gedanken. Das Beseitigen von Störungen ermöglicht es Ihnen, Dinge schneller zu lokalisieren, effizienter zu handeln, kostbare Zeit zu sparen und Energien kreativer zu gestalten. Sie führen ein weniger stressfreies Leben mit erhöhter Produktivität und höherer Leistung. Dies versetzt Sie ganz einfach in eine positivere Stimmung.

Jetzt haben wir das Negative an angestauter Unordnung herausgearbeitet und nun gehen wir weiter. Wir richten uns an das Innere und gehen damit unsere Ängste und negative Gedanken an. Wenn wir unsere Verluste, die aufgrund von Unordnung entstehen, mit der einfachen Lösung aufzuräumen überwinden wollen, dann mit dem positiven Gedanken daran, was ein sogenanntes De-Cluttering erwirken kann. De-Cluttering, also Raum geben, bringt uns wieder in die richtige Bahn, Dinge aus einer positiven Perspektive zu sehen. Hier ist ein Aktionsplan, um über De-Cluttering Ihren Raum für mehr Positivität und Effizienz zu erlangen.

Fangen Sie klein an

Beruhigen Sie sich und fangen Sie klein an. Sie können nicht dem ganzen Haus oder sogar Garderobe an einem Tag „Raum geben". Beginnen Sie mit einem Raum oder mit einem einzelnen Regal. Sie können mit alten Bindungen wie Socken oder Unterwäsche anfangen. Wenn Sie Bücherregale aufräumen, bedenken Sie, ob es irgendwelche Bücher gibt, die ihnen helfen konnten oder können. Lesen Sie wirklich noch alle Autoren auf den Büchern in ihrem Regal oder haben Sie Ihre eigenen Lesevorlieben entwickelt?

Sobald Sie am Ende angekommen sind, legen Sie das, was noch übrig geblieben ist, auf einen großen Tisch. Wenn Sie Ordner wegwerfen möchten, durchstöbern Sie ihre Schubladen, um sicher zu gehen, dass nichts übersehen wurde. Bei Notebooks bzw Dateien auf diesen, tun Sie das Selbe. Auch mit Medikamenten, Karten, Tagebücher, Kosmetik, Utensilien und andere Gegenstände. Sie werden über das gesamte Zeug überrascht sein.

Beginnen Sie nun, alles zu sortieren. Behalten Sie die, die ihnen wichtig sind. Der Rest kann aussortiert werden, je nachdem, wie sie entsorgen möchten. Vielleicht möchten Sie einige Artikel spenden, andere wiederum wandern in den Müll.

Wegwerfen, weggeben oder beleben

Es gibt mehrere Optionen für die Bekämpfung unerwünschter und farbloser Elemente. Zum Beispiel kann ein großer Stapel von Büchern, den Sie nicht mehr lesen, gespendet oder an die lokale Bibliothek gegeben werden. Die schiere Freude, etwas zu verschenken, ein Lächeln auf jemandes Gesicht bringen, ist unbezahlbar. Dies wiederum kann Ihre Positivität zu verbessern.

Wenn etwas tatsächlich noch genutzt werden soll, stellen Sie sicher, dass Sie es innerhalb der folgenden 24 Stunden belebt wird. Zum Beispiel können alte Trophäen poliert oder eine alte Comic-Sammlung gebunden werden. Ordnen Sie wichtige Bücher und Fotos systematisch. Erinnerungen, die für Sie relevant sind, sollten geachtet werden. Entweder geben Sie diesen Erinnerungen ihren eigenen, besonderen Platz oder Sie wollen sie loswerden. Lassen Sie diese nicht ohne Sinn und Zweck einfach rumliegen. Wichtigen Fotos könnten professionell bearbeitet werden mit einer Bildbearbeitung zum Beispiel. Säubern Sie die Räume für die wichtigen Bücher, Dokumente oder andere wichtige Erinnerungen, die sie behalten wollen.

Unordnung mit Dankbarkeit und Mitgefühl loswerden

Die Angst und die emotionale Last, alte Sachen wegwerfen zu müssen, können real sein. Deshalb ist es immer hilfreich etwas Positives hinzuzufügen. Welche inneren Gefühle sind es, die angesprochen werden müssen, wenn es um unser Horten oder Akkumulationsverhalten geht? Ist es das Schuldgefühl im Zusammenhang mit Verschwendung der Dinge? Oder tiefere emotionale Fragen, die wir versuchen mit dem Aufbewahren materieller Objekte zu beantworten, um die Leere in unserem Leben zu füllen? Ist es Angst davor, ihre Garderobe aufzuräumen, weil sie glauben nicht genug Kleidung zu haben? Ist es ein Festhalten an alte Zeiten, die nicht relevant sind für ihr aktuelles Leben?

Manchmal kann es ein inhärentes Gefühl aus unserer Kindheit sein, zum Beispiel der Zustand in der Vergangenheit benachteiligt worden sein. Sammlungen aus ihrer Kindheit sind kostbar, aber Sie fühlen sich besser, wenn Sie diese jemandem, der es wertschätzt geben. Zum Beispiel können Sie Ihre gesamte CD-Sammlung an einen leidenschaftlichen Musiksammler abgeben, denn Musik ist jetzt leicht zugänglich durch YouTube. Zeigen Sie sich dankbar und mitfühlend, wenn Sie sich von alten Sachen trennen. Negative Gefühle, die mit Dingen verbunden sind, freigeben, und diese nachdenklich und dankbar wegwerfen. Wenn eine Beziehung nicht funktionierte, sollten Sie nicht fragen, warum es schief gelaufen ist oder Reue zeigen, sondern sie sollten dankbar dafür sein, dass es passierte und Sie wichtige Lektionen lehrte.

Seien Sie der Person dankbar, die ihnen das bestimmte Geschenk machte. Seien Sie für den Wert oder das kleine Vergnügen dankbar. Bringen Sie ruhig etwas Mitgefühl in diesen Prozess ein. Danken Sie den höheren Kräften, die es Ihnen ermöglicht haben, wertvolle Dinge zu kaufen. Ihre Gedanken verschieben automatisch den Fokus vom Negativen zum Positiven.

Der passende Zeitpunkt, um aufzuräumen

Eine der besten Zeiten, aufzuräumen ist, wenn Sie mal wieder nach etwas suchen und nicht finden können. Sie finden eine ganze Menge an Unerwünschtem. Grundsätzlich aber immer das, was Sie nicht suchen. Das Durcheinander legen Sie beiseite. Sie schauen nun auf eine Menge Dinge, die alle nicht mehr ganz in Form sind. Fühlen Sie sich nicht etwas mies, wenn Sie Gäste haben, aber nicht die Menge an gleichen Weingläsern oder Tellern finden, die Sie jetzt gern hätten? Haben diese kleinen alltäglichen Situationen keinen negativen Beigeschmack?

Sie sind nicht in der Lage, Sachen zu finden oder das auszuwählen, was Sie besitzen. Das verwirrt und überwältigt Sie gleichermaßen. Sie fühlen sich wertlos und nutzlos trotz der Fülle. Der richtige Zeitpunkt, um etwas aufzuräumen und beiseite zulegen, kann jederzeit sein und das wird ihnen dann ein positives Wohlgefühl verleihen. Aufräumen und Organisieren ist eine schnelle Lösung, sich gut zu fühlen.

Vermeiden Sie digitale Unordnung

Digitale Unordnung ist in der heutigen Welt allgegenwärtig. Die Menge an Informationen, die in unseren Geräten gespeichert ist, ist atemberaubend. Jedes Unternehmen bereichert sich daran, uns Promotion-Mails zu senden. Blogs wollen, dass Sie ihre neuesten Nachrichten lesen. News-Websites sind mit dem Senden von Zusammenfassungen der Eilmeldungen, um Sie neugierig zu machen und am Ball zu halten. E-Commerce-Riesen sind glücklich, Ihnen stündlich Werbeangebote zu schicken, bis Sie einknicken und kaufen.

Ihr Posteingang ist nicht sehr organisiert, wenn Sie eine Million unerwünschte und ungeöffneten Mails vorfinden. Die Faustregel lautet: Haben Sie nicht mehr als 100 Mails in Ihrem Posteingang. Verwenden Sie strenge Spam-Filter und leiten Sie unerwünschte E-Mails direkt in Ihren Spam-Ordner. Erstellen Sie Ordner mit verschiedenen Kategorien von wichtigen E-Mails. Klicken Sie auf Abbestellen, wenn einige Updates keinen Wert mehr für Sie haben. Wir denken immer, dass diese Newsletter irgendwann noch einmal nützlich sein könnten, aber das passiert nie wirklich. Die meisten sind nicht wichtig oder relevant. Klug ist es deshalb, die Unordnung zu löschen.

Haben wir nicht alle schon einmal hundert aktive Icons auf dem Desktop oder mehrere digitale Dateien erstellt, die überall verstreut auf unserem Desktop liegen? Öffnen Sie nicht mehr als ein paar Programme gleichzeitig. Öffnen Sie maximal vier Dateien. Dies spart Zeit und Energie für das Umschalten zwischen mehreren Anwendungen und Dateien.

Trennen Sie die Verbindung zu unproduktiven Anwendungen wie Facebook, während Ihrer Arbeitszeit oder während sie Zeit mit Geliebten verbringen. Schließen sie alles. Ihr Leben wird nicht vorbei sein, wenn Sie nicht jedes einzelne Social-Media-Update erhalten. Ihre Kontakte können auch überleben, ohne dass Sie ihnen jeden Witz weiterleiten, den Sie erhalten. Das ist nichts als unnötiges Absaugen von Energie und Positivität. Schalten Sie Ihren Webbrowser während der Arbeit aus. Deaktivieren Sie WhatsApp, Text und E-Mail-Benachrichtigungen.

Tipps für das Aufräumen des zeitlichen Durcheinanders

Es ist nicht nur physische oder digitale Unordnung, die Sie in ein negatives Denkmuster führen können. Kommen Sie für wichtige Treffen immer unpünktlich? Fühlen Sie sich immer gehetzt, während Sie zur Arbeit gehen? Ihr Terminplaner kann äußerst unübersichtlich sein, oder sind sie tendenziell zu optimistisch mit der Zeit? Wir arbeiten oft in dem Glauben, dass für alles genug Zeit ist. Hier sind einige Tipps, um die wichtigste Ressource vor Unordnung zu beschützen.

Starten Sie früh in den Tag. Organisieren Sie ihren Morgen. Alles andere an Unordnung haben Sie bereits am Abend vorher erledigt. Der Morgen sollte mit einer positiven und frischen Energie beginnen. Stellen Sie sicher, dass die wichtigsten Aufgaben des Tages bis zum Mittag sortiert sind. Die Morgen sind nicht die beste Zeit für soziale Medien oder andere unproduktive Anlässe.

Ein realistischer Puffer zwischen mehreren wichtigen Sitzungen ist sinnvoll. Verbringen Sie einige Minuten damit, die Ziele des Treffens noch einmal durchzudenken. Wieder kann eine Zeit für eine Nachbesprechung investiert werden, um die Vorteile der Treffen zusammenzufassen und das Lernen zu assimilieren. Erstellen Sie unmittelbar nach der Sitzung einen Aktionsplan oder Notizen zur Nachverfolgung dieser Sitzung.

Lernen Sie, nein zu sagen, wenn Sie müssen. Wir haben die Tendenz, alles zu akzeptieren, was uns aber oft viel Energie für produktivere Aufgaben entzieht. Wir verlieren ein Gefühl für wirklich wichtige Dinge und am Ende führen wir alle Aufgaben nur noch halbherzig aus. Dies gibt uns jedoch das Gefühl von Unzulänglichkeit und vermacht Schuldgefühle, die uns schließlich in das Netz negativen Denkens einschließen. Wir fühlen uns gehetzt, ausgelaugt und gestresst am Gedanken daran, mehrere Aufgaben gleichzeitig sofort abschließen zu müssen. Sie müssen weder Multitasking-fähig sein, noch ein Mensch, der es allen recht macht.

Nutzen Sie die Organizer und Stundenpläne auf Ihrem Gerät. GebenSsie sich immer etwas mehr Zeit für Unverhofftes. Auch sollte ihre Reisezeit nicht auf die Minute kalkuliert sein, sondern lieber immer mit ein paar Minuten Puffer. Hören Sie Audio-Bücher und lesen sie ihre Notizen auf den Arbeitswegen, um Zeit zu sparen.

Kapitel 6: Halten Sie sich fern von instabilen Beziehungen

Zu Recht sagt man, dass Sie zum Durchschnitt der Menschen gehören mit denen Sie die meiste Zeit verbringen. Das Beste allerdings ist, dass Sie allein entscheiden, mit wem Sie ihre Zeit verbringen möchten und wer Ihre Zeit verdient und braucht. Zum Glück hilft ihnen die Technologie dabei sogar Fernbeziehungen aufrechtzuerhalten, weil Sie regelmäßig u.a. Textnachrichten schreiben können.

Positive Menschen sind regelrecht von einem Gefühl des Positiven durchflutet und übertragen dieses Gefühl auf andere. Sie verleihen Ihnen Energie, Inspiration, Motivation und einen starken Charakter. Wohingegen negative Menschen, Ihrer negativen Energie Freilauf geben. Sie schaffen es, dass Sie sich emotional aufgelöst fühlen, lenken Sie von Ihren Zielen ab und treiben Sie zu selbstzerstörerischen Aktivitäten an. Diese Menschen sind Opfer von schlechten Angewohnheiten und geben eigene emotionale Lasten weiter.

Je weniger Zeit Sie mit dieser Art von Menschen verbringen, desto besser wird es für Ihre Denkweise sein. Wie oft gab es Menschen, die ihnen versicherten, Sie seien nicht in der Lage ein bestimmtes Ziel zu erreichen? Weil diese Menschen dachten, es sei unmöglich. Was für ein Gefühl hinterlässt derartiges? Höchstwahrscheinlich ist es kein positives Gefühl.

Ein Umgang mit solchen Menschen hinterlässt Spuren von schmerzlichen Erinnerungen. Deren emotionale Unordnung kann auf Verrat oder Untreue oder Missbrauch zurückzuführen. Erinnerungen an diese Leute können mit Wut- oder Rachegefühlen, Enttäuschung und Traurigkeit verbunden sein. Derartige Erinnerungen liefern automatisch die Verbindung von Negativität und negativen Gefühlen.

Wir schließen uns positiven und konstruktiven Beziehungen an, um uns vor schmerzlichen Erinnerungen an die Vergangenheit zu schützen. Dies ist nicht sehr förderlich für positives Denken. Es ist ein großer Kraftaufwand zu verzeihen und zum Alltag überzugehen. Hier sind einige leistungsstarke Tipps, die Ihnen helfen, sich los zu reißen und über toxische Beziehungen hinweg zu kommen.

Schreiben Sie eine Liste

Schreiben Sie eine Liste über die Dinge, die schädlich, verletzend oder ungesund in einer Beziehung waren. Dieses kann Ihnen dabei helfen, die emotionale Last aus der Vergangenheit, abzuschütteln und sich Positivem zu widmen. Vielleicht lieben Sie immer noch jemanden, der Sie eigentlich schlecht behandelt hat. Wenn Sie das einmal aufschreiben, wird es ihnen eine Perspektive über die Dinge geben, die nicht so perfekt waren wie Sie glauben. Das beste: Sie überlebten. Die negativen Seiten der Beziehung werden sichtbar und letztlich sind Sie dankbar für das Ende dieser Beziehung.

Selbstbestätigung

Denken Sie, dass Menschen, die Sprüche wie „Vergiss nicht einzigartig zu sein" oder „Iss Glitzer am Morgen und leuchte den ganzen Tag" an ihre Badezimmertür oder ihren Spiegel kleben, verrückt sind? Nicht wirklich. Sie nutzen brillant die Macht der Selbstbestätigung, um mehr Positivität in ihre Gedanken zu laden. Allein das Lesen und Wiederholen von Bestätigungen wie „Mein Leben ist voller Wunder" und „Ich ziehe Reichtum an" als erste Handlung am Morgen, verleiht ihnen ein Wohlgefühl.

Es bewirkt, dass Positives und Inspiration förmlich überlaufen. Sobald sich unsere negativen Gefühle als falsch erwiesen haben, sollten wir sofort zu positiveren Bestätigungen wechseln. Das hilft uns, der Hoffnungslosigkeit mit neuen Überzeugungen und positiven Gedanken entgegenzuwirken. Ihr gedanklicher Ton ändert sich von "Ich bin nicht gut genug, geliebt zu werden" zu "Ich bin nicht perfekt, aber ich verdiene es, geliebt zu werden."

Treffen Sie authentische und positive Menschen

Listen Sie einmal die Menschen auf, die positiv, inspirierend und authentisch auf sie wirkten. Umgeben Sie sich mit Menschen, die durch schmerzhafte Beziehungen gegangen sind und daraus gestärkt hervorgingen. Diese Menschen können Sie begeistern und Ihnen helfen, sich selbst aus dem Netz derartiger Beziehungen zu befreien. Sie heben ihre Laune, helfen ihnen sich besser zu fühlen und leiten Sie dabei in ein positives, leichtes Leben, ohne Lasten.

Um mit einer Trennung fertig zu werden, brauchen Sie die Hilfe von Freunden und Familie. Sie helfen ihnen diese Phase zu überstehen, neue Hoffnung zu schöpfen und wieder zu sich selbst zu finden.

Zögern Sie nicht, professionelle Hilfe anzunehmen, um den Schaden, der ihnen zugefügt wurde, zu verarbeiten. Ihre Gedanken müssen abgelenkt und wieder neu erbaut werden sowie sich auszurichten zu konstruktiver Beschäftigung, die Sie auf den Weg der Genesung bringen. Emotionale Unterstützung und Positivität kann Ihnen helfen, Negatives leichter zu verdauen und eine stärkere und positivere Person hervorbringen.

Geheilt und hoffnungsvoll

Kelly McDaniel hat zu Recht in ihrem Buch „Ready to Heal" darauf hinge-
wiesen, dass der Ausbruch aus einer schwierigen Beziehung viel zu viel
Energie verbraucht, gleichwertig mit einem Vollzeitjob. Emotionale Dis-
tanz kann eine der schwierigsten Herausforderungen unserer Existenz
sein. Sie brauchen Schlaf, emotionale Ruhe und einige Zeit zu trauern.
Es ist wie eine Achterbahn der Emotionen. Einerseits sind Sie froh darüber, dass diese giftige Beziehung vorbei ist und gleichzeitig fällt es ihnen
schwer los zu lassen. Heilen Sie sich von der Schuld und dem Schamge-
fühl.

Atmen Sie tief ein, während Sie sich selbst sagen, dass die Beziehung
aus einem bestimmten Grund endete. Es sollte nicht sein, aber schöne-
re Dinge warten auf Sie. Das Negative in ihrem Leben wurde abgewor-
fen, um Platz für mehr positive und erfüllende Beziehungen zu machen.
Sagen Sie sich, dass die Schmerzen, Schuld, und das Vertrauen heilen
werden. Sie werden zukünftig Frieden, Hoffnung und Erfüllung finden,
wenn Sie die Stärke beweisen, über derartig schädliche Beziehungen er-
haben zu sein.

Bitte kein Drama

Eine der besten Möglichkeiten sich aus schadhaften Beziehung zu befreien, ist, dies ohne Drama zu tun. Je weniger dramatisch, manipula-
tiv, unehrlich und erniedrigend, desto leichter für Sie, die Trennung zu
bewältigen. Halten Sie sich fern von allem Blödsinn. Vermeiden Sie den
hochgehaltenen Zeigefinger oder Spielchen und Manipulationen. Wenn
nötig - entschuldigen Sie sich. Nehmen Sie keine Sticheleien oder Be-
schimpfungen hin.

Akzeptieren Sie die schönen und nicht so schönen Dinge der Beziehung.
Verschwenden Sie keine Zeit, in dem sie anderen ihre Sichtweise aufz-

wingen. Wenn sie es verstehen wollten, hätten sie das erkannt. Akzeptieren Sie, dass es vorbei ist und ziehen Sie weiter. Es wird sicherlich nicht einfach sein, aber es wird wahrscheinlich das Beste, was Sie jemals für sich getan haben. Ihre Gedanken, Gefühle, ihr Verhalten und Selbstwertgefühl können einen massiven Schub bekommen.

Bestechen Sie sich

Auch, wenn viele Eltern als Experten nicht glauben möchten, dass dies die beste Technik ist, haben sich einige Dinge als sehr wertvoll und lohnend herausgestellt, um ein Ziel zu erreichen. Belohnen Sie sich stufenweise, wenn Sie eine schädliche Beziehung beendet haben. Der erste Meilenstein könnte sein, für ein paar Wochen Abstand zu halten von dieser Person. Gehen Sie Mittagessen oder Kaffeetrinken mit Ihrem besten Kumpel. Wenn Sie mehrmals "nein" zu dieser Beziehung sagen können, dann feiern Sie sich, indem Sie Ihr Lieblingsbuch kaufen oder sich ein Dessert gönnen.

Behalten Sie einen kühlen Kopf

Eine schädliche Beziehung führt beispielsweise dazu, dass ihre positive Einstellung förmlich versickert. Auch wenn das jetzt unmöglich für Sie klingt: Gehen Sie aus, nach der Trennung und verabreden Sie sich. Treten Sie in Clubs ein, wo Sie Menschen mit ähnlichen Hobbies treffen. Melden Sie sich für freiwillige Arbeit an, bei der Sie auf mehr positive, selbstlose und motivierte Menschen treffen. Menschen, die genauso leidenschaftlich sind und Sie dazu beitragen können diese positive Stimmung zu bereichern. Gehen Sie raus und treffen Sie auf Menschen, die ihnen helfen, Ihr Vertrauen in sich selbst und andere wiederherzustellen.

Am Anfang sind Sie vielleicht nicht gleich wieder emotional auf der Höhe, was aber auch absolut in Ordnung ist. Sie sollten sich deshalb auch nur zu lockeren Treffen verabreden, ohne Aussicht auf etwas Ernstes.

Verwechseln Sie nicht Liebe mit Sucht

Neurochemische Studien haben gezeigt, dass Menschen, die behaupteten, schwer verliebt zu sein, auf gezeigte Bilder ihres Partner, ähnlich reagierten wie ein Süchtiger, der nach Kokain verlangt. In gesunde Beziehungen geht es um Respekt, Engagement und Vertrauen genauso wie um Aufregung und intensive Leidenschaft.

Partner, die widersprüchliches Verhalten zeigen, lassen Sie zappeln und machen Sie durch ihre Art süchtig. Reißen Sie sich los von Beziehungen, die wie Sucht auf Sie wirkt, und sich nicht nach liebevoller Bindung anfühlt. Befinden Sie sich in einer Art Suchtbeziehung, wird ihre positive Energie abgesogen. Sie fühlen sich emotional aufgelöst und ihre Gedanken sind ständig damit beschäftigt sich das Schlimmste auszumalen. Ihr Selbstwertgefühl sinkt, die Abhängigkeit von anderen und deren Bestätigung steigt.

Viele Menschen sehen in verbalen Angriffen keinen Missbrauch. Allerdings kann verbaler Angriff schwere emotionale Verwüstungen anrichten. Echte bzw. gesunde Liebe ist niemals verletzend oder erniedrigend. Ihr Geliebter oder ihre Geliebte sollte für Sie da sein, um Sie zu trösten und ihnen zulächeln. Seine Rolle ist nicht, Sie zu erniedrigen oder Ihre Gefühle zu verletzen. Finden Sie eine Person, die Sie mit Zuneigung, lieben Worten und wahrer Liebe überhäuft. Geben Sie sich nicht mit jemandem ab, der Sie körperlich missbraucht. Das schädigt ihren geistigen Zustand immens.

Eines der schlimmsten Dinge, die Menschen tun können, um ihre positive Einstellung zu zerstören ist, wenn Sie in ungesunden Beziehungen leben. Und das nur, weil Sie nicht alleine sein wollen. Wenn Sie weiterhin in einer destruktiven Beziehung bleiben, fokussieren Sie sich nicht darauf, Mr. oder Mrs. Right zu finden. Aber mit der richtigen Person an ihrer Seite entdecken Sie auch ihre Positive Seite an sich wieder. Denn: Die richtige Person bringt sowohl das Beste von ihnen zum Vorschein als auch das Positive zurück in ihr Leben.

Vergebung an sich selbst

Menschen geben sich tendenziell eher selbst die Schuld für ein Scheitern einer Beziehung. Dies führt unweigerlich zu Schuldgefühlen, Scham, Bedauern, Schmerzen und vielem mehr. Wir beschuldigen uns und leben mit der emotionalen Last für viele Jahre. Dies ist kontraproduktiv für positives Denken. Sie fühlen sich schuldig, wenn Sie jemand schlecht behandelt oder weil sie Anzeichen dieser Beziehung nicht bereits früher bemerkt haben. Missbrauch in Beziehungen kann häufig Scham und emotionalen Narben hinterlassen.

Vernünftig wie Sie sind, verzeihen Sie sich. Beginnen Sie den Prozess der Selbstvergebung, indem Sie alles aufschreiben oder laut vor sich her sprechen. Sagen Sie sich, dass es in Ordnung ist, Fehler zu machen, und ziehen Sie entsprechende Lehren daraus. Jede gescheiterte Beziehung lehrt Sie etwas im Nachhinein. Seien Sie dankbar für die Beziehung und ziehen Sie weiter. Sie werden sich nicht dafür bestrafen in einer solchen Beziehung gewesen zu sein. Es ist Zeit, das Kapitel zu beenden und das nächste lohnende Kapitel deines Lebens zu beginnen. Wenn Sie Ihre Vergangenheit abschließen, machen Sie Platz für die Zukunft. Wenn Sie sich ihre vergangenen Taten vergeben, erstarkt ihre Hoffnung auf eine neue, rosige Zukunft.

Verlieren Sie sich niemals in den Folgen einer schadhaften Beziehung. Widmen Sie sich Ihren Hobbys und Leidenschaften. Melden Sie sich für einen Kurs oder in einem Club an. Nehmen Sie das wieder auf, was Sie während dieser Zeit nicht mehr getan haben. Das kann alles sein, ob eine Teilzeittätigkeit oder das Bemühen um eine Auszeichnung.

Kapitel 7: Machen Sie sich keine Sorgen

Sorge beginnt mit einem potenziell quälenden Gedanken. Vielleicht wird er ausgelöst von einer kleinen und harmlosen Sache. Aber solch ein kleiner Zweifel schafft mehr Zweifel. Bevor Sie selbst erkennen, was los ist, braut sich schon der Sturm zusammen. Sie denken irrational, unrealistisch und stark übertrieben. Ihre physische, psychische und mentale Energie sinkt rapide.

In ihrem Geist herrscht nun Chaos. Sorgen und negative Gedanken beeinflussen die Art, wie Sie denken, handeln, fühlen und sich verhalten. Dies verhindert, dass Sie ein erfülltes und glückliches Leben führen können. Wie ist es möglich, sich keine Sorgen zu machen? Welche Techniken gibt es, die ihnen ein sorgenfreies Leben ermöglichen? Wie schaffen Sie es, sich weniger oder sogar keine Sorgen zu machen und dafür ein glückliches Leben zu leben? Im Folgenden lesen sie einige solide und einfache Tipps sich vom Sorgenkreislauf zu befreien.

Erkennen Sie das Problem

In seinem Buch „The Worry Cure: Seven Steps tp Stop worry from Stopping you", Robert Leahy beschreibt, dass sich 38% der Privatpersonen täglich um etwas sorgen. Schlussfolgernd bedeutet das, dass es eine ganz normale Angewohnheit zu sein scheint. Aber es kann schnell zu einem Dauerproblem werden, wenn sich ein Muster im Alltag bildet.

Bedenken Sie, dass ein ständiges „sich Sorgen machen" zu Schlafmangel oder Essstörungen führen oder sie vom Arbeiten abhalten kann. Sind bereits Symptome wie diese existent, seien Sie in alarmiert. Denn hinzu können Muskelverspannungen oder Depressionen oder Verdauungsstörungen auftreten. Menschen, die sich chronisch sorgen, sind auch meist gestresst und depressiv. Sie verlieren den Fokus auf die Dinge, die gerade stattfinden, weil Sie sich nicht mehr mit der Gegenwart beschäftigen, sondern mit dem „Was ist, wenn...". Wenn dies Ihr Problem ist, packen Sie es an.

Beachten Sie das Gesetz des Durchschnitts

Sie werden sich automatisch weniger Sorgen machen, wenn Sie an das Gesetz des Durchschnitts denken. Die Wahrscheinlichkeit, dass ein bestimmtes Ereignis eintritt, ist nicht so hoch, wie Sie glauben. Wenn Sie mit einem Flugzeug fliegen und einen Absturz befürchten, dann sollten Sie sich mit der Tatsache beruhigen, dass die Chancen, getötet zu werden 1 zu 29,4 Millionen stehen oder, dass es 12,25 Todesfälle pro 1 Million Flugstunden gibt. Die Chancen stehen also offensichtlich ganz zu ihren Gunsten sicher zu landen. Leider liegt es in unserer Natur, dass wir immer das Schlimmste befürchten. Die Aussichten stehen gut, dass alles, was ihnen Sorge macht, höchstwahrscheinlich nicht begründet ist.

Wenn Sie sich wieder einmal Sorgen, ist es wichtig, dass Sie den Fakten ins Auge sehen. Ein Team von Forschern verfolgte das Leben von Studenten für ein Jahr, um zu beweisen, dass 85 Prozent der Probleme, über die sie sich sorgten, sich hinterher als neutral und positiv herausstellten. Sogar die Dinge, die sich als negativ erwiesen, wurden von 78 Prozent der Befragten gut bewältigt. Lernen Sie, Ihre Vorhersagen zu verfolgen. Wenn ungefähr 90 von 100 Ihrer pessimistischen Vorhersagen falsch sind und Sie ein guter Problemlöser sind, gibt es wenig Grund sich zu sorgen. Sie werden allmählich erkennen, dass Ihre Sorgen völlig unbegründet sind.

Sehen wir uns das ganze vereinfacht an. Leahy hat eine ziemlich wirksame Technik vorgeschlagen, sich ihren Sorgen zu stellen. Denken Sie an das Beste, das Schlimmste und alles dazwischen. Menschen, die sich tendenziell oft Sorgen, gehen immer vom Schlimmsten aus. Wenn Sie erst einmal erkannt haben, dass sogar das Schlimmste Szenario am Ende gut ausgeht, fühlen Sie sich wohl.

Produktive oder destruktive Sorge?

Finden sie heraus, ob ihre Sorgen eher produktiv oder destruktiv sind. Produktive Sorgen machen Sie nachdenklich und lenken Sie hin zu sinnvollen Aktionen, mit denen Sie erhebliche Fortschritte machen. Zum Beispiel sind Sie nervös über eine bevorstehende Präsentation. Produktive Sorgen werden Sie dazu bringen, ihre Präsentation zu überprüfen, zu ändern oder eine Sicherungskopie davon anzulegen. Sie werden schnell von ihren Sprachnotizen abgehen und in die letzten Minuten der Präsentation noch einmal richtig loslegen und überzeugen.

Unproduktive Sorgen machen Sie ohne einen Grund oder eine Tat nervös. Sie stellen sich etwas Schlimmes vor und werden nervös. Plötzlich führen irrationale und unwirkliche Gedanken in nur eine Richtung. Was ist, wenn der Projektor abstürzt? Was, wenn das Publikum mich mit Zwischenrufen unterbricht? Was, wenn ich einen Herzinfarkt auf der Bühne habe? Diese übertriebenen und imaginären Ängste schwächen Ihr Vertrauen. Dies spiegelt sich in der Art wider, wie Sie während der Präsentation denken, sprechen und sich verhalten. Ihre Körperhaltung verliert an Ausstrahlung. In ihrer Stimme klingt wenig Selbstbewusstsein heraus. Sie sind kaum hörbar. Das ist der unproduktiven Sorge zu verdanken. Aber auch das kann behoben werden, wenn Sie das Ungewisse akzeptieren.

Beschäftigen Sie sich

Unserem menschlichen Geist ist es nicht möglich, über etwas noch nicht Eingetroffenes hinauszudenken. Und denkt man auch von sich brillant zu sein, es wird nicht klappen. Die gleichen Voraussetzungen gelten bei unseren Emotionen. Sie können nicht verzückt und gleichzeitig von Angst erfüllt sein. Verdrängen Sie den Gedanken und widmen sie sich einer anderen Aktivität, die Sie beschäftigt. Werfen Sie ihre Sorgen über Bord, und machen Sie den Weg frei für positive Gedanken. Menschen, die sich oft sorgen, können sich davon heilen, indem Sie an ihrem Zeitplan arbeiten und sich besser organisieren.

Beschäftigen Sie ihren Geist mit stimulierenden Tätigkeiten. Sehen Sie sich ein Motivationsvideo an. Treiben Sie Sport. Lesen Sie ein Buch. Bringen Sie sich ein bei Denkspielen. Gehen Sie ihrem Hobby nach. Erlernen Sie eine Kunst. Melden Sie sich für einen Sprachkurs an. Reisen Sie. Wenn Ihr Geist mit konstruktiveren und herausfordernden Aufgaben beschäftigt ist, die Ihre kognitiven Fähigkeiten herausfordern, wird der Sorgendämon in Schach gehalten.

Wagen Sie den Sprung

Wenn Sie tatsächlich etwas tun, was ihnen seit langer Zeit Sorge bereitet hat, werden Sie es für immer mit sich herumtragen. Sehr häufig sorgen wir uns um unsere angeblich ungenügenden Fähigkeiten etwas erfolgreich zu vollenden. Aber da gibt es diese innere Angst, die es uns nicht ermöglicht, etwas anzupacken.

Wählen Sie etwas, das Sie schon immer tun oder noch besser machen wollten oder tun Sie es wieder. Geben Sie Ihr bestes. Denken Sie daran - Sie verlieren nichts, wenn sie es versuchen. Sie allein halten sich zurück, und das bedeutet, dass Sie bereits aufgegeben haben. Das wiederum erlaubt es ihnen dann nicht, bestürzt zu sein, wenn es nicht geklappt hat. Anstatt darüber nach zu denken, was andere denken, treten Sie besser in einen Wettbewerb mit sich selbst. Jetzt ist ihre Leidenschaft und deren Aufrechterhaltung gefragt. Es wird Sie schneller zum Erfolg führen als sie glauben. Allmählich werden Ihre unbegründeten Sorgen verschwinden, wenn Sie verstehen, dass 75 Prozent des Erfolges von den richtigen Maßnahmen abhängen.

Menschen, die erfolgreich und glücklich sind unterscheiden sich nicht von ihnen. Der einzige Unterschied ist, dass sie Sorgen, Ängste und negative Gedanken einfach nicht zu lassen, damit positive Maßnahmen nicht behindert werden. Folgen Sie dem, was sie nach dem Abwiegen aller Optionen schon immer machen wollten, ohne Angst zu versagen. Es kann die Einführung eines Start-UPs sein, dass Sie schon immer aufbauen wollten oder das Erlernen einer Kampfsportart oder reisen Sie allein. Wenn Sie dann etwas tun, wovon Sie vorher negativ dachten, und es wird ein Erfolg, dann ist das ein Treffer für ihr Selbstbewusstsein.

Fragen Sie nicht „Was wäre wenn...", sondern „Wie schaffe ich es, dass..."

Sie sollten die Häufigkeit ihrer sich sorgenden Gedanken minimieren und sich eher der Problemlösung widmen. Also, anstatt zu denken, was, wenn ich meine wichtigen Notizen für die Präsentation verliere, bedenken Sie lieber, alle Möglichkeiten, diese zu sichern, beispielsweise mit einer Sicherungskopie. Gibt es einen Plan B, wenn technische Probleme auftreten? Sind Sie mit diesem Plan B vorbereitet, wenn Plan A nicht funktioniert? Was Sie jetzt tun: Sie ändern einfach ihre Denkweise von "was wenn" zu "wie kann ich dies tun." Wenn Sie sich sorgen, dann werden Sie keine realistischen und praktischen Lösungen finden.

Wenn Sie sich auf ein Vorstellungsgespräch vorbereiten, dann konzentrieren Sie sich auf die Vorbereitung, nämlich auf die Antworten, die Sie im Interview geben wollen. Nicht der Fokus auf „Was, wenn ich im Interview versage", ist jetzt wichtig.

Leben Sie in der Gegenwart

Wie können Sie die Gegenwart genießen, wenn Sie sich ständig Sorgen um die Zukunft machen? Verlieren Sie keine Zeit für die Sorgen um die Zukunft, sondern konzentrieren Sie sich auf das Hier und Jetzt. Geben Sie ihren Problemen eine Berechtigung, aber seien Sie nicht zu nachsichtig mit ihnen. Legen Sie ihren wert auf ein Leben im Jetzt und fokussieren Sie sich auf das, was sie gerade tun.

Lesen Sie ein anregendes Buch, spielen Sie mit ihren Kindern oder sehen Sie sich eine interessante Fernsehsendung an. Brechen Sie mit den sorgenden Gedanken und bleiben Sie anwesend im Jetzt. Wenn nichts anderes funktioniert, lächeln Sie einfach. Es ist unmöglich, deprimiert zu bleiben, wenn sich Symptome des glücklichseins und positiven zeigen.

Begrenzen Sie ihre Verantwortlichkeiten

Viele Menschen sorgen sich, weil Sie anderen gefallen wollen und kümmern sich deshalb auch um alles. Sie streben nach Perfektion, die Sie hoffen durch eine Vielzahl von Aufgaben zu bekommen. Der Versuch, Aufgaben anzunehmen, von denen Sie wissen nicht fähig zu sein, diese zu bewältigen, dann ist das ein sicherer Auslöser für Stress. Stress führt dazu, sich zu sorgen. Und ihre Unfähigkeit, mit mehreren Aufgaben nicht fertig zu werden, führt automatisch zu Nervosität und Frustration.

Sie sollten sich und andere erinnern, dass Sie nur so viele Aufgaben abarbeiten können, die wichtig sind, um Sie gut zu machen. Alles andere wird nur ein großes Durcheinander. Es ist auch völlig in Ordnung, andere um Hilfe zu fragen und Verantwortung abzugeben und zu teilen.

Sie können Aufgaben delegieren oder die Hilfe von Mitarbeitern annehmen. Dies bedeutet nicht, dass Sie sich nicht um ihre Arbeit oder die Menschen kümmern. Es bedeutet einfach, dass ihre Arbeit und ihr Leben im Moment höchste Priorität verdient, um sich weniger Sorgen zu machen. Übernehmen Sie also nur diese Aufgaben, die Sie auch gut bewältigen und versichern können, dass diese auch erfolgreich beendet werden und zwar ohne, dass sich in ihrem Verstand wieder Sorgen breit machen.

Wenn Sie Zeit mit der Hilfe für andere investieren, begrenzen sie diese. Planen Sie genau die Zeit, die Sie für andere brauchen. Alles andere bewirkt Zeitdruck und Sorgen. Denken Sie daran, Sorgen bringen keine Lösungen. Sorgen sollten keine Berechtigung dafür sein, über etwas hinwegzukommen oder eine Grenze zu erzwingen, egal was es ist.

Übungen

Übungen eignen sich sehr gut, um Sorgen und Stress zu eliminieren. Studien haben gezeigt, dass Übungen die Hirnaktivität und den Ausstoß von Serotonin, dem Wohlfühlhormon, erhöhen. Es verringert auch die Konsequenzen von oxidativem Stress. Übungen sind ein Eingriff, um Angst und Stress zu senken. Intensive körperliche Aktivität wie Radfahren oder Aerobic oder Laufen oder Tanzen sind ideale Übungen. Es kann Sie in einen Rausch versetzen und ermöglicht Ihnen, Ihren Körper und Geist auf die Gegenwart ohne Sorgen einzustellen.

Mut zur Nachsicht mit sich selbst

Dr. Susan Love sagte der New York Times in einem Interview, dass der Glaube, alles auf einmal an Übungen und Regeln umsetzen zu wollen, zu einer Quelle des Sorgens und des Stress wird. Sie fügt hinzu, dass es uns nicht möglich ist, eine makellose Gesundheit zu haben, und dass die Menschen im Allgemeinen viel gesünder sind als Sie selbst von sich meinen. Sie sind nun mal nicht unsterblich.

Ihr Ziel muss es sein, ein qualitativ hochwertiges Leben zu leben, so lange wie es geht. Sie werden nicht tot umfallen, wenn Sie jetzt nicht jeden Tag eine Schüssel mit Obst ssen oder sich doch noch spät abends ihr Lieblingsdessert gönnen. Es ist in Ordnung, einmal loszulassen. Seien Sie nicht zu streng mit sich, gönnen Sie sich öfter mal etwas und lassen Sie auch einmal Schwäche zu.

Glauben Sie an sich

Bestimmte Dinge wie Naturkatastrophen, Wetterbedingungen, Unfälle, Tod und andere ähnliche Faktoren, können nicht kontrolliert werden, egal was Sie tun. Das sind unaufhaltsame Ereignisse, die von einer höheren Kraft ausgehen. Vertrauen Sie ihren Fähigkeiten oder lernen Sie dieses wiederherzustellen.

Glauben Sie an sich, wenn es darum geht, ihre Probleme zu handhaben, über die Sie allein die Kontrolle haben. Und hören Sie auf sich um Dinge zu sorgen, die außerhalb ihrer Kontrolle liegen. Was Sie tun können ist, sich auf Dinge gut vorbereiten. Vertrauen Sie ihrer Fähigkeit Probleme, wenn sie aufkommen, bewältigen zu können. Ja, es sterben Tausende bei Autounfällen, aber würden sie deshalb aufhören Autozufahren? Warum? Sie vertrauen also ihrer Befähigung sich lieber weg zu ducken vor extremen und unglücklich geschehenen Ereignissen. Sie sorgen dafür, dass alle Sicherheitsmaßnahmen wie das Lernen sicher zu fahren, schnell auf Straßenänderungen zu reagieren, das Tragen von Sicherheitsgurten, das Fahren mit zulässiger Geschwindigkeit und vieles mehr, gewährleistet sind. Verwenden Sie die gleiche Einstellung in anderen unkontrollierbaren Lebenssituationen.

Schlussfolgerung

Vielen Dank, dass sie das Buch heruntergeladen und es bis zum Ende gelesen haben.

Ich hoffe, es konnte Ihnen gute Expertenstrategien und Tipps für einen Alltag mit positiven Gedanken geben. Das Buch ist gefüllt mit vielen leicht umsetzbaren Informationen und praktischen Hinweisen, die Sie für positives Denken brauchen.

Wählen Sie aus verschiedenen Weisheiten kleine Schätze heraus. Wenn diese zu ihren Lebensumständen passen, folgen sie ihnen. Lassen Sie uns hoffen, dass dieses Buch in der Lage ist, Ihnen zu helfen, Ihre positiven Gedanken bei produktiven und sinnvollen Tätigkeiten zu kanalisieren, um Ihre Ziele zu erreichen.

Der nächste Schritt wäre dann, mit den Strategien im Buch erfolgreich zu werden. Wissen ohne Taten ist sinnlos. Setzen Sie Ihr Wissen in die Tat um und erleben Sie die erstaunlichen Ergebnisse positiven Denkens, in jeder Sphäre Ihres Lebens.

Und wenn Sie das Buch hilfreich fanden, möchte ich sie bitten, ihre Gedanken zu teilen und es zu bewerten. Das würden andere Interessierten in hohem Maße schätzen.

Feiern sie nun ein erfülltes, freudvolles und positives Leben!

www.ingramcontent.com/pod-product-compliance
Lightning Source LLC
Chambersburg PA
CBHW070145290526
45789CB00002B/636